CATÉCHISME
DE LA JUSTICE

CATÉCHISME

DE

LA JUSTICE

LOISIRS FORCÉS DE MAGDEBOURG

PAR

LE DOCTEUR BRÉBANT

Lauréat de l'Institut et de l'Académie de Médecine de Paris

REIMS

MATOT-BRAINE LIBRAIRE ÉDITEUR

1872

PREMIÈRE PARTIE

NOTIONS GÉNÉRALES

Art. 1er

BUT DE LA VIE ET MOYENS D'Y ATTEINDRE

Quel but l'homme doit-il proposer à sa vie ?

Il doit se proposer d'être parfait dans sa personne et et dans ses actions.

Q'entendez-vous par être parfait ?

J'entends être beau, être fort, être savant, être utile, être juste et bon autant qu'il est naturellement possible.

Quel est le moyen général de devenir parfait?

C'est le travail sous toutes ses formes.

Qu'est-ce qui apprend à l'homme à être beau ?

C'est la civilité et l'hygiène.

Qu'est-ce qui lui apprend à être fort ?

C'est l'hygiène encore et la gymnastique.

Qu'est-ce qui le rend savant ?

Ce sont les Ecoles et les études personnelles.

Qu'est-ce qui lui donne le moyen d'être utile ?

C'est la connaissance d'un art, d'une industrie, ou d'un commerce dans toutes ses parties.

L'homme n'est-il utile à lui-même et aux autres que par l'exercice de son métier ?

Il peut être encore utile par des charges que le vote des concitoyens lui confie, par des œuvres de loisir et de choix, et surtout par des innovations dues à son génie.

Qu'est-ce qui apprend à l'homme à être juste et bon ?

C'est la bonne éducation, qui donne les bonnes habitudes, et l'enseignement de la Justice qui éclaire et affermit le sens moral naturel.

Comment pourrait-on définir la perfection humaine ?

C'est l'ordre volontaire et l'harmonie de l'homme dans toutes ses facultés personnelles, et dans tous ses rapports avec les autres hommes, c'est enfin l'ordre volontaire et l'harmonie de l'humanité dans l'Univers.

La Perfection que vous proposez pour but de la vie de l'homme et de l'humanité est-elle réalisable ?

La perfection absolue est irréalisable, mais cela n'empêche pas que nous puissions nous proposer la Perfection comme but de notre vie et comme but de chacune de nos actions.

Où trouvons-nous le modèle de perfection que nous devons chercher à atteindre ?

Chaque homme a en lui une idée de perfection qui lui sert de mesure pour juger chaque ordre de ses actions. Cette idée de perfection a reçu le nom d'Idéal, et quand nous comparons l'Idéal soit à nos projets, soit à nos actes accomplis pour les juger, nous reconnaissons immédiatement les imperfections dont ces projets et ces actes sont frappés. Si donc la perfection absolue est irréalisable, l'idée que nous en avons suffit néanmoins pour nous la montrer comme but suprême à nous proposer et comme moyen de jugement pour apprécier nos actes.

L'idée de perfection est-elle claire au même degré dans chaque homme ?

Non, l'Idéal s'épure à mesure que l'Intelligence de l'homme se développe.

Est-il important de s'exercer à rechercher la perfection dans ses actions ?

Cette habitude est la plus importante et la plus nécessaire que l'éducation et le travail puissent nous donner.

Y a-t-il quelques moyens pratiques pour acquérir cette habitude ?

Ces moyens existent, en effet. Il faut lire les bons modèles ; étudier les bons exemples ; rechercher les bonnes compagnies ; s'étudier soi-même dans toutes ses facultés pour en connaître le fort et le faible ; s'observer attentivement dans ses pensées et dans ses projets ; examiner de proche en proche les actions que l'on a produites et tirer de tout cela des conséquences pratiques au point de vue de notre perfectionnement.

Art. 2

SANCTION ET MOBILES DE NOS ACTIONS

Sur quoi basez-vous l'obligation de se rendre aussi parfait que possible ?

Tout l'ensemble des sentiments naturels de l'homme ne peut être satisfait que par la perfection, et d'ailleurs, cette perfection est le seul moyen d'établir l'ordre universel..

Quels sont les sentiments dont vous parlez ?

L'amour de l'ordre et de l'harmonie en toutes choses, l'amour de nous-mêmes et l'amour de nos semblables; le désir d'estime vis-à-vis de nous-mêmes et des autres ; l'accomplissement de nos tendances ; le plein exercice de nos facultés ; la science de toutes choses ; la joie d'être utile ; tout ce qui constitue enfin le bonheur en conscience.

Faut-il faire le bien en se donnant pour but d'être heureux ?

Il faut établir en soi de si bons sentiments et de si bonnes habitudes qu'on ne puisse être heureux qu'en faisant le bien.

Ne pourrait-on pas être plus heureux en établissant en soi de mauvais sentiments et en acquérant les moyens de les satisfaire ?

C'est en effet le moyen qu'emploient les méchants, mais ils sont trompés dans leur attente de bonheur. Même quand ils réussissent dans leurs projets, ils ne peuvent détruire en eux tous les bons sentiments qui les condamnent, et, s'ils y parviennent, ils en sont les victimes, parce qu'ils arrivent à l'excès et que tous les hommes de bien se tournent contre eux. Les méchants, pour se maintenir, sont obligés de rester les plus forts. Toujours menacés, ils ne comptent que sur la ruse et le mensonge. L'inquiétude les dévore. Le mal qu'ils font les oblige à un plus grand travail que le bien qu'ils auraient pu faire en se rendant heureux et en concourant au bonheur commun.

Les infortunes et les malheurs ordinaires de la vie ne frappent-ils pas quelquefois injustement les hommes les meilleurs ?

Cela arrive, en effet, quelquefois, en apparence.

Bien qu'ils soient bons, ceux-là ne sont pas heureux ; n'est-ce pas une injustice ?

L'homme de bien véritable garde tout le bonheur de sa conscience au milieu des adversités. Il est heureux, car il sait lui-même que ces adversités ne sont pas une injustice réelle.

Comment les adversités qui frappent l'homme de bien ne sont-elles pas une injustice ?

Les adversités sont préparées par des erreurs ou par des fautes véritablement commises dans la société et surtout dans la famille, dont chacun est justement solidaire. L'homme de bien qui a joui des bienfaits de la société doit supporter volontiers pour elle les difficultés de la réparation du mal, même quand il n'en est pas personnellement coupable. Enfin, les adversités, en augmentant les vertus et les mérites de l'homme de bien, augmentent la satisfaction de sa conscience.

Peut-on être véritablement heureux autrement qu'en faisant le bien ?

Non, il n'y a de bonheur véritable que celui que donnent la bonne conscience et l'estime des gens de bien.

Peut-on, par l'éducation, augmenter la somme de bonheur pour les hommes ?

Oui, en les rendant plus sensibles aux bons sentiments' aux bienfaits des hommes, aux conquêtes de la science, aux merveilles des arts et aux jouissances des beaux-arts et des beautés grandioses ou pittoresques de la nature entière. Oui encore, en augmentant en eux, par les bonnes habitudes, la facilité de faire le bien et d'éviter le mal.

Art. 3.

CHAMP DE LA JUSTICE

BIEN ET MAL. — DEVOIRS.

De quoi s'occupe la science qui s'appelle Justice ?

Elle s'occupe des rapports d'harmonie sociale entre les hommes. La morale en est une partie importante.

Qu'entendez-vous encore par le mot Justice ?

J'entends tout ce qui organise le bien et rectifie le mal dans l'humanité.

Qu'est-ce que le bien en général ?

C'est ce qui tend à la perfection de l'homme et de toute l'humanité. Tout ce qui entre dans le développement de l'ordre et de l'harmonie dans l'humanité.

Qu'est-ce que le mal en général ?

C'est ce qui altère l'homme et nuit à l'ordre et à l'harmonie de l'humanité.

Y a-t-il encore quelque autre caractère général du bien et du mal ?

Oui, le bien multiplie la puissance et le bonheur de l'homme. Le mal diminue la puissance de l'homme et son bonheur.

Qu'est-ce que le bien moral strict ?

C'est tout acte volontaire et libre qui concourt à la perfection de l'homme qui le produit, de la société dans laquelle il vit, et de l'humanité entière.

Qu'est-ce que le mal moral strict ?

C'est tout acte libre de l'homme, qui nuit directement ou indirectement, immédiatement ou dans ses effets, à la perfection et au bonheur de celui qui le produit, à la puissance et au bonheur de la société où il vit, et enfin, à l'ordre dans l'humanité.

Donnez plus simplement le caractère du bien moral strict ?

Le bien est un acte libre, utile à l'agent lui-même et aux autres hommes.

Donnez le caractère du mal moral ?

Le mal moral est ce qui est nuisible aux autres, même quand cela est, en apparence, utile à soi-même.

Pourquoi dites-vous en apparence ?

C'est que le mal qui paraît utile à celui qui le fait, lui

est nuisible en vérité. Outre que le mal est un tort fait aux autres, il est encore une erreur de l'intérêt bien entendu de celui qui le fait.

Vous dites que le bien est l'acte qui est utile à l'agent lui-même et aux autres hommes. Mais l'acte qui est inutile ou nuisible à l'agent n'est-il pas encore bon et même meilleur quand il est utile aux autres ?

Il y a plusieurs degrés dans le bien. Être utile à soi-même et aux autres, c'est le bien ordinaire, le bien obligatoire. Être inutile à soi-même et utile aux autres, c'est quelquefois mieux. Être nuisible à soi-même pour le bien et le salut des autres, cela peut être la suprême vertu. Mais les faits de ces deux derniers ordres ne sont que des exceptions. On les connaît sous le nom de Dévouement, mais nous montrerons qu'ils ne sont le bien que dans certaines circonstances. Ce qui est utile à soi-même et aux autres est toujours bien et réciproquement : c'est la loi organique de la Justice dans la société.

Est-ce que le dévouement n'est pas toujours le bien et comme tel un devoir ?

Le dévouement n'est rendu nécessaire et ne devient un devoir que par des erreurs sociales établies ou par des malheurs accidentels, ou enfin par des institutions radicalement mauvaises qui existent encore dans l'humanité, mais qui doivent disparaître : comme les guerres, etc. Dans l'ordre parfait de l'humanité, le bien est radicalement utile à l'agent et à tous.

Qu'appelle-t-on devoirs moraux ?

On appelle ainsi les actes commandés à l'homme par l'idée du bien moral dans les diverses circonstances de sa vie. La morale s'appelle aussi la science des devoirs de l'homme.

Pourquoi le bien s'appelle-t-il un devoir?

C'est que malgré les avantages et les attraits du bien, l'inadvertance, l'ignorance, l'erreur ou la malice déterminent assez souvent les actions des hommes ; la société humaine en est d'autant altérée, et l'autorité sociale doit faire une obligation du bien même.

Quel est l'ordre dans lequel on peut présenter avantageusement tous les devoirs de Justice et de morale de l'homme ?

C'est l'ordre de ses rapports : 1° dans l'univers ; 2° dans l'humanité et avec les peuples différents ; 3° dans la nation ; 4° dans la famille ; 5° dans les sociétés conventionnelles ; 6° dans les relations individuelles.

Art. 4.

PUISSANCES INDIVIDUELLES DE L'HOMME.

LIBERTÉ, LIBERTÉS

Qu'entendez-vous par puissances de l'homme?

J'entends toutes les fonctions dont il est doué par sa nature et toutes les applications qu'il en peut faire par le travail.

Quelles sont les principales Puissances de l'homme ?

Les unes sont naturelles, ce sont : les sentiments, les instincts, l'intelligence, la force musculaire, la mémoire, l'habitude. Les autres sont d'origine sociale, ce sont : le langage, l'éducation, les mœurs, les sciences, les arts, la propriété, les métiers, le crédit, le fonds social commun, etc., etc.

Quel est le rôle des Puissances au point de vue moral?

Elles sont l'origine et contiennent la mesure de nos actes ; à ce point de vue, poser les règles de la justice et de la morale, c'est diriger et mesurer les puissances humaines. D'un autre côté, comme elles déterminent la valeur individuelle et sociale de chaque homme, à cet autre point de vue, la justice et la morale imposent l'obligation de les développer autant que possible. Multiplier les puissances de l'homme et les gouverner dans les applications, c'est tout le but de la justice et de la morale.

Qu'est-ce que la Liberté individuelle?

C'est l'absence de toute entrave dans l'exercice de la puissance humaine.

La Liberté est-elle nécessaire à la perfection de l'homme?

C'est la condition essentielle de la justice, du mérite et du bonheur de l'homme. Sans la liberté, il ne pourrait y avoir ni responsabilité, ni éducation, ni justice, ni moralité.

Quelle est la vraie mesure de la Liberté?

La liberté véritable se mesure par le nombre et l'étendue des puissances acquises par chacun et par les applications légitimes et sages que l'on en peut faire.

Ne peut-on considérer la Liberté à un point de vue plus strict?

Oui. On peut considérer en particulier chaque puissance de l'homme et en établir la liberté.

Qu'est-ce que la Liberté des sentiments?

C'est l'absence de toute entrave à l'amour de nous-mêmes et des autres, et à l'amour de l'ordre et de l'harmonie des choses et des hommes.

Quels sont les ennemis de la Liberté des sentiments ?

Ce sont les sentiments de haine ou de désordre qui peuvent exister dans l'esprit, y pénétrer, y diriger nos actes et surtout y devenir des excitants habituels.

Qu'est ce que la Liberté de l'Intelligence

C'est l'absence de toute entrave à l'activité de l'esprit, à l'intensité de son application et à l'accumulation de toutes les vérités acquises dans tous les ordres de connaissances.

Quels sont les ennemis de la Liberté de l'Intelligence ?

C'est l'ignorance, l'inattention, la précipitation, toutes les formes de l'erreur, enfin, indirectement, toutes les passions, les préjugés et les opinions fausses.

Qu'est-ce que la liberté de la Force musculaire ?

C'est l'absence de toute entrave à l'exercice des forces corporelles de l'homme, pour l'accomplissement des œuvres mécaniques qu'il veut exécuter.

La Puissance des sentiments et celle de l'Intelligence sont-elles de même ordre et de même importance pour l'établissement et l'exercice de la Liberté ?

Non. Les sentiments sont des mobiles qui décident la

volonté. L'intelligence juge les mobiles comme motifs, les pèse, les compare et les apprécie au point de vue de la possibilité d'exécution et au point de vue de la moralité des résultats. Ces deux ordres de puissances déterminent la volonté et constituent essentiellement la liberté intime. La puissance musculaire succède à la détermination volontaire délibérée, cette dernière ne constitue que la liberté extérieure de l'homme.

L'indépendance absolue des puissances naturelles ne serait-elle pas la liberté suprême ?

Non. Pour plusieurs raisons. D'abord, les puissances naturelles, livrées à elles-mêmes, s'opposent l'une à l'autre et se contrarient ou se contredisent. L'indépendance absolue est donc impossible. En second lieu, si l'homme a des puissances capables de liberté, il est soumis à des besoins qui le dominent fatalement ; ces besoins commandent aux puissances de l'homme et les tiennent en servitude.

L'Homme isolé, maître absolu de lui-même, mais livré à ses propres forces, n'est donc pas naturellement libre ?

Non. C'est l'esclave de tous les besoins les plus matériels et les moins nobles de l'homme. Il faut qu'il emploie son intelligence et ses forces, et tout son temps, à subvenir à sa nourriture, à son logement, à son vêtement et à sa défense. Il devient plus faible et plus esclave que l'animal sauvage. L'isolement est la négation de la liberté individuelle même.

Vous avez dit plus haut qu'une partie essentielle du bonheur de l'homme est le plein exercice de ses facultés ; vous dites ici que les puissances de l'homme s'opposent l'une à l'autre, cette dernière assertion ne rend-elle pas impossible la réalisation de la première ?

Les puissances de l'homme sont toutes favorables à son bonheur et elles peuvent toutes y concourir par leur plein exercice ; mais elles ne peuvent pas s'exercer toutes à la fois et dans le même moment. Les travaux intellectuels attentifs excluent temporairement les travaux musculaires ; l'exercice actuel des sentiments exclut le calme et la placidité de la raison ; l'amour et la haine entraînent facilement les actes concordants. Il est donc certain que les puissances naturelles mêmes s'opposent actuellement l'une à l'autre. Cependant, toutes sont légitimes en vérité, et leur plein exercice est une condition de bonheur. Cette difficulté se résout par la hiérarchie rationnelle entre les puissances. Dans les œuvres de science, l'intellect se subordonne toutes les autres puissances ; dans les œuvres d'art, le sentiment du beau subordonne toutes les autres puissances ; dans les œuvres de justice et de morale, la raison impose sa loi à toutes les autres puissances ; mais jamais la puissance dominatrice ne doit annuler les puissances subordonnées, elle les mesure et les harmonise de manière à obtenir une satisfaction générale de toute la personne humaine.

Puisque les puissances humaines s'excluent réciproquement dans leur exercice actuel, elles

ne peuvent donc pas devenir des Libertés absolues ?

En effet, bien qu'aucune puissance de l'homme ne puisse être annulée sans diminution de son bonheur, la liberté pratique ne peut réellement exister que dans chaque acte particulier. Il y a eu liberté complète quand toutes les puissances de l'homme ont été hiérarchiquement harmonisées selon le type favorable à l'espèce d'acte accompli. La liberté peut être parfaite, les libertés ne peuvent être que partielles, momentanées et toujours mesurées par l'ordre naturel des relations qui existent entre les puissances différentes. Demander la liberté complète, c'est demander l'harmonie dans nos puissances. Demander les libertés illimitées, c'est demander le désordre et l'impossible. Cette démonstration est d'une importance capitale pour les puissances naturelles, elle est bien plus applicable et plus importante encore lorsqu'il s'agit des libertés sociales (1).

(1) Cette doctrine de la Liberté et des Libertés a été posée par l'auteur dans une série d'articles publiés en 1870 dans le *Courrier de la Champagne*. La même doctrine fut défendue par Mgr Landriot, dans son livre intitulé *L'Autorité et la Liberté*, publié un peu plus tard ; mais le Prélat se garda bien de tirer de cette doctrine les conséquences pratiques qui en découlent. (*Note de l'Auteur*).

Art. 5.

ETAT SOCIAL

ÉGALITÉ JURIDIQUE, LOIS, SANCTION, RÉPARATION

Qu'entendez-vous par Etat social ?

C'est la vie des hommes constitués en société par opposition à l'état d'isolement dans lequel chacun pourrait vivre, s'il le voulait absolument.

L'État social a-t-il de grands avantages ?

Il est le seul qui permette le développement complet des puissances naturelles de l'homme. Il est de plus l'origine de puissances nouvelles beaucoup plus nombreuses et capables de le rendre plus heureux.

Quelles sont les bases de l'Etat social ?

Les bases de l'Etat social sont la justice, l'amour du bien moral et l'égalité entre les hommes. La dernière de ces conditions est donnée par la nature, la seconde, bien que naturelle, est surtout le fruit de l'éducation ; la première est l'œuvre de la raison.

En quoi consiste l'Egalité naturelle entre les hommes ?

Tous les hommes sont doués de puissances d'égale nature en égal nombre. Cette conformité de puissances rend identiques le but de la vie et les moyens d'y parvenir. Les hommes peuvent donc, d'un commun accord, régler leurs actes par les mêmes lois de justice et par les mêmes sentiments moraux.

N'y a-t-il pas au contraire une infinie diversité entre les hommes ?

Chaque puissance est en effet très-diversement intense chez les hommes différents, mais il y a néanmoins identité absolue au point de vue juridique, parce que la logique est la même pour tous les hommes, ainsi que le sentiment de l'idéal et le désir d'ordre et d'harmonie dans les puissances individuelles et sociales. L'égalité n'est que juridique. A ce point de vue, elle est certaine et suffit.

L'état social ne diminue-t-il pas la Liberté ?

Non. Au contraire, la liberté n'est véritablement possible que dans l'état social.

L'homme le plus libre n'est-il pas celui qui est soumis à moins de lois ; or, l'homme isolé, n'ayant à obéir qu'à lui-même, ne serait-il pas plus libre que l'homme dans l'état social qui est soumis à tant de lois?

Il y a des lois naturelles qui restreignent la liberté, ce sont celles des besoins inévitables. Dans l'état d'isolement, l'homme ne fait que ce que lui impose une terrible et toujours menaçante nécessité. La société, par la division du travail, crée des aptitudes plus parfaites, des loisirs certains, assure la défense, constitue la prévoyance, organise la propriété, etc. De cette façon, elle crée la sécurité de chacun, et par là même la liberté à tous les points de vue.

Mais les lois ne sont-elles pas des restrictions faites à la liberté?

Les lois légitimes sont les bases et les garanties de la liberté. Loin de restreindre la liberté, elles la protégent et la multiplient.

Expliquez comment les lois établissent et protégent la Liberté?

Je n'ai voulu parler que des lois légitimes, et de la liberté légitime elle-même.

Qu'entendez-vous par la Liberté légitime?

J'entends l'application des puissances de l'homme à faire le bien, comme nous l'avons déjà défini : c'est-à-dire ce qui est utile à soi-même et aux autres en même temps.

N'est-ce pas Liberté et plus grande liberté de faire ce qui est utile ou agréable à soi quand même cela serait nuisible à d'autres ?

C'est encore de la liberté ; mais c'est une liberté illégitime, car elle n'est positive, en apparence du moins, que pour celui qui agit, elle est clairement négative de la liberté des autres. Or, dans l'état social, diminuer la liberté de tous, c'est préparer l'esclavage de tous, c'est détruire les avantages de la vie commune, c'est ramener la liberté individuelle aux conditions de l'isolement.

L'égoïsme qui blesse les droits d'autrui n'est-il qu'en apparence une plus grande liberté ?

Oui. Car celui qui blesse les droits d'autrui à son profit exclusif, blesse les bons sentiments qui sont la base de la bienveillance et de la bonne amitié des autres. Le coupable se prive de jouissances saines et profondes, pour n'avoir en compensation que des plaisirs troublés et craintifs. Le coupable esquive la loi de justice et d'ordre, mais il est esclave de ses projets ténébreux, précaires, et toujours menacés, soit par l'opinion, soit par la loi. Enfin, il donne aux autres le droit de se séparer de lui et même d'agir contre lui, et alors il ne peut manquer d'être le plus faible contre tous et d'être dépouillé légitimement de tous les avantages sociaux.

Quand est-ce qu'une loi ordonnatrice de la Liberté est légitime ?

Toute loi qui protége la liberté de faire le bien est légitime. Toute loi qui oblige à la réparation du mal est légitime. Toute loi qui tend au plus grand bonheur et à la plus grande puissance de la société est légitime. La loi légitime met au premier rang des devoirs ceux qui intéressent tous les membres de la société ; au second rang, ceux qui intéressent les groupes; enfin, elle ne doit jamais sacrifier l'intérêt même du particulier.

Quel est le caractère de la Justice, soit pour la formation de la loi, soit pour l'application de la loi ?

Il faut que la loi respecte et confirme l'égalité. Il faut qu'elle assure à chacun réciproquement la même faveur. Le semblant de restriction que la loi apporte à la liberté individuelle est compensé par la réciprocité du même devoir imposé à tous les autres membres de la société.

Les lois sont-elles immuables ?

Non. Les lois doivent être modifiées avec les sociétés et les progrès que ces sociétés accomplissent. Il peut arriver un moment où une loi d'abord juste est devenue oppressive.

Faut-il obéir à la loi ?

Oui. Il faut toujours obéir à la loi.

Mais quand la loi est devenue oppressive, faut-il encore y obéir ?

Oui, par mesure d'ordre. Il vaut mieux sacrifier son sentiment et même son intérêt pour éviter de plus grands maux.

L'obéissance à la loi que l'on trouve injuste doit-elle être la même que si la loi était juste ?

Non. La justice est supérieure à la loi écrite. En se soumettant, il faut protester pacifiquement et faire tous ses efforts pour faire modifier la loi.

De la caducité des lois, ne résulte-t-il pas pour l'Autorité une obligation particulière ?

La caducité possible des lois impose à l'Autorité l'obligation de permettre la critique de la loi et d'établir des moyens légaux pour faire valoir et répandre son opinion. Il suffit que la loi soit toujours obéie. Elle doit pouvoir toujours être critiquée.

Pourquoi le droit de critiquer la loi ne peut-il être légitimement enlevé aux citoyens ?

Cela résulte de l'origine de la loi et de sa nature. La loi est l'expression de la justice selon l'intelligence des citoyens. Comme l'intelligence des citoyens est susceptible de changements et de progrès, et que les choses et les événements sont variables, il en résulte que la loi, formule fixe, peut cesser d'être exactement l'expression de la justice devant d'autres intelligences et sous l'empire de circonstances nouvelles.

Qu'appelle-t-on Sanction de la Loi ?

C'est la force suffisante mise aux ordres de la loi et des juges qui l'appliquent pour l'accomplissement de ses prescriptions.

La Sanction des lois est-elle nécessaire ?

Le mauvais vouloir possible de quelques hommes ignorants, trompés ou méchants, la rend nécessaire.

Quel est le caractère légitime de la Sanction des lois ?

Les lois commandent le bien, il faut qu'une force de coërcition suffisante en exige l'exécution autant que cela est possible. Les lois défendent le mal, et c'est encore faire le mal que de ne pas exécuter le bien commandé par la loi ; dans ce cas, la force doit imposer la réparation du mal accompli.

Comment peut-être réparé le mal accompli ?

Par l'amélioration du coupable, par l'accomplissement du devoir imposé, enfin par la compensation du mal, au moyen d'un bien équivalent.

Quand le coupable résiste et persévère dans le mal, quand il refuse réparation ou compensation, que peut faire la Force publique comme sanction de la loi ?

La société répare elle-même le mal accompli et elle prend toutes les mesures de préservation contre de nouvelles atteintes de la part des méchants.

Que dites-vous de l'Idée de Peine ?

La peine, volontairement étudiée et appliquée est une idée barbare, originaire des temps où la force remplaçait la justice et où la vengeance était accueillie comme un sentiment légitime.

Est-ce qu'il n'est pas injuste que ce soit la Société qui répare le mal accompli par un méchant ?

Non. Premièrement, il est juste que le mal, qui est un désordre, soit réparé dans sa teneur et dans ses suites pour le bonheur même de la société. En second lieu, la société a véritablement une part dans la faute commise, et par conséquent dans la responsabilité qui en résulte.

Expliquez comment il se fait que la société a une part de faute et de responsabilité dans les actes des méchants ?

Dans la société, chacun remet à la loi et à la magistrature le soin de sa préservation et de sa sécurité, le mal accompli dénonce au moins l'insuffisance de l'ordre public. En cela, la société est déjà responsable. De plus, la société se charge pour une part au moins de l'éducation de chacun de ses membres ; il arrive souvent que le coupable n'a pas reçu l'éducation suffisante. En troisième lieu, la société, dans l'exercice de sa liberté, recèle des occasions et fournit des exemples dangereux; ce sont là des causes pour le mal, fournies ou tolérées par la société. Enfin, en sens opposé : les bons citoyens font plus que leur devoir, ils donnent à la société plus que la loi n'impose et qu'ils ne reçoivent eux-mêmes, ce bénéfice dont jouit la société lui impose des obligations vis-à-vis des méchants qui sont encore bien plus des malheureux.

Telles sont quelques-unes des raisons pour lesquelles il est juste que la société répare le mal et les coupables eux-mêmes autant qu'elle le peut.

Que dites-vous de la peine de mort ?

C'est une faiblesse de la société qui, abusant de la force et reculant devant la difficulté de ses devoirs de réparation et de préservation, supprime la cause de ses embarras en supprimant le coupable.

SECONDE PARTIE

DEVOIRS HUMANITAIRES
ET INTERNATIONAUX

ART. 1er.

DEVOIRS DE L'HOMME
VIS-A-VIS DES ÊTRES DE L'UNIVERS

Qu'est-ce que l'homme dans l'univers ?

Un être sans importance qui ne peut modifier en rien ni l'existence, ni la marche des globes qui constituent l'univers.

Quelle est l'origine du premier homme?

On l'ignore absolument. La science actuelle hasarde seulement aujourd'hui sur ce sujet ses premières hypothèses raisonnables. Heureusement, cette question n'a aucune importance pratique.

Les légendes connues sous le nom de Genèses, ont-elles quelque certitude scientifique?

Non. Les Genèses n'ont aucune certitude scientifique. Ce sont des légendes poétiques analogues à toutes celles que l'imagination des hommes invente pour expliquer l'inconnu que l'observation trouve inabordable.

L'ignorance de l'origine certaine et scientifique du premier homme importe-t elle à la morale ou au bonheur de l'Humanité ?

Nous ignorons entièrement ce que pourrait produire une connaissance que nous n'avons pas.

Il nous suffit de savoir que l'humanité ne peut goûter de bonheur que par la justice, et que la justice est la voie de l'accomplissement de la perfection humaine.

Y a-t-il quelque chose de supérieur à la puissance de l'Humanité ?

Toutes les lois naturelles sont supérieures à la puissance de l'humanité. L'homme ne peut qu'utiliser les forces de la nature, mais sans les changer ni les altérer.

Quel est le domaine de l'action humaine dans l'univers ?

Le domaine de l'action humaine est surtout celui des volontés des hommes. Mais sur l'univers proprement dit, l'humanité ne peut exercer sa puissance modificatrice que dans la zône superficielle du globe terrestre.

L'Humanité peut-elle modifier en quoi que ce soit l'univers dans son existence ou dans ses mouvements ?

Non. A part quelques modifications partielles et passagères des êtres compris dans sa zône d'activité, l'humanité ne peut modifier en rien la marche générale des astres ni de la terre elle-même. Tout au contraire, l'ordre supérieur de l'univers rectifie ou annule toute tentative désharmonique de l'humanité sur d'autres êtres que les hommes, et, sur les hommes eux-mêmes, les lois de la nature ne permettent à l'humanité que des désharmonies partielles ou temporaires.

Faut-il chercher en dehors de l'humanité la réparation des injustices, la destruction des effets du mal, et les suites des bonnes actions des hommes ?

Non. L'humanité souffre du mal commis par ses membres ; elle répare elle-même les suites du mal ; elle bénéficie des efforts de chacun, et son bonheur véritable est l'exacte mesure de la justice qu'elle réalise dans ses œuvres.

Par quoi l'homme peut-il être poussé au bien?

Par son avantage personnel et par les avantages qu'il procure aux autres, enfin par le retour vers lui du résultat des bonnes œuvres accomplies par les autres hommes.

Par quoi l'homme peut-il être détourné du mal?

Par une bonne conscience morale, résultat d'une bonne éducation qui montre le désordre et la souffrance résultant des actes répréhensibles et frappant le coupable lui-même, et autour ou derrière lui beaucoup d'innocents. La bonne conscience souffre du bien qu'elle n'a pas fait et du mal qu'elle s'est laissé aller à produire.

Si l'action de l'humanité ne peut avoir une portée supérieure à la zône d'application de sa puissance, n'en résulte-t-il pas que le bien et le mal ont très peu d'importance?

Le bien et le mal, la vérité et le mensonge, la certitude ou l'erreur, l'ordre ou le désordre, la justice ou l'injustice, l'harmonie ou la désharmonie ont une très-grande importance sur les hommes, sur les sociétés et sur l'humanité entière. Cette importance est assez grande pour mériter toute l'étude et tous les efforts de chacun de nous.

Si tous les actes des êtres de l'univers, en dehors de l'homme, sont réglés par des lois inéluctables et harmonisées entre elles, comment

peut s'y interposer une action modificatrice quelconque comme celle de la Liberté humaine?

Cette grande difficulté a été diversement résolue par les esprits qui se sont occupés de l'homme dans ses rapports avec l'univers. Ces diversités se réduisent à deux. J'en proposerai une troisième. Les uns ont déclaré que la liberté n'existe pas; les autres ont déclaré que la liberté n'existe qu'en Dieu qui a créé l'univers et ses lois comme une œuvre de sa liberté absolue. La solution que je proposerai, en admettant la liberté non pas absolue, mais relative, comme apanage exclusif de l'humanité, n'admet la fatalité qu'en une mesure non pas absolue, mais relative elle-même. La première solution est la solution sceptique. La seconde est la solution théologique. La troisième me semble seule scientifique.

Faites mieux connaître en quelques mots la solution sceptique?

Les sceptiques et avec eux, mais pour d'autres raisons, les matérialistes, nient la liberté humaine. Les actes qui nous paraissent libres sont à leurs yeux des actes absolument sollicités et efficacement sollicités au même degré que les phénomènes purement matériels de pesanteur, de combinaisons chimiques, d'influences calorifiques, électriques, etc. Ceux-là blessent le sens commun, détruisent toute responsabilité, annulent la justice, suppriment la morale et sont condamnés à l'illogisme jusque dans l'abandon de leurs volontés, soit qu'ils s'adonnent aux instincts de jouissance égoïste qu'ils choisissent, y croyant au moins, soit qu'ils réfrènent ces mêmes instincts par un stoïcisme aussi héroïque que peu motivé.

Faites connaître la solution théologique?

Pour les déistes, Dieu est seul nécessaire, l'univers et ses lois sont une œuvre de sa liberté. Dieu a créé l'homme et l'humanité pour la liberté dans les bornes de la puissance humaine ; il a su, par sa toute-puissance, donner des lois immuables à l'univers et encadrer la liberté de l'homme, avec le moindre de ses actes, au milieu de la série des lois naturelles et fatales. Le grand Leibnitz a appelé et défini cette solution sous le nom de *harmonie préétablie*. Le grand vice de cette solution est de n'être pas scientifique, et, de plus, d'accepter des désordres de liberté qui restent irréparables et irréparés pour l'éternité : ce qui est la négation de la bonté de Dieu, ou la négation de sa prévoyance, ou la négation de sa puissance. Cette solution déplace les efforts de la liberté humaine en en reportant le fruit à une autre vie. Elle crée l'égoïsme du salut personnel et détruit la solidarité humaine. Elle donne la vengeance comme identique à la justice, sans s'apercevoir que la vengeance en Dieu tout-puissant et infiniment prévoyant, c'est l'infinie cruauté d'une création sans motifs et sans excuses. Comme la solution précédente, elle admet sans discussion la fatalité absolue des lois de la nature. Elle n'est pas loin d'admettre en même temps la liberté absolue de la volonté humaine dans les bornes de sa puissance naturelle. Les catholiques ont même trouvé moyen de donner aux actes de la liberté humaine une valeur infinie de récompenses ou de répression.

Faites connaître ce que vous appelez la solution scientifique ?

Avec le sens commun et la conscience de chacun, je proclame et reconnais la liberté de l'homme, et par conséquent la responsabilité, par conséquent la justice, par conséquent des devoirs, par conséquent la morale. Cette liberté, faible et précaire pour l'homme isolé, ignorant, imprudent ou méchant, se multiplie par la vie sociale, par la science de ce qui est vrai, beau, bien et bon. Cette liberté grandit de plus en plus, d'âge en âge, et constitue le progrès humanitaire. Son idéal serait l'ordre et l'harmonie volontaires de toutes et de chacune des puissances humaines en parfaite concordance avec l'ordre et l'harmonie de l'univers entier. Voilà pour la liberté. Quant à la fatalité des lois naturelles, elle n'est pas absolue plus que ne l'est la liberté. Les êtres se modifient à l'infini, et les modifications de toute espèce des êtres se traduisent en réalité par des rapports qui ne sont ni constants, ni absolus, mais variables et incommensurables. Les lois idéales que nous ne pouvons considérer que comme absolues n'ont pas leur sujet adéquat dans l'univers. Il n'existe dans l'univers que des êtres définis et réels en acte. Leurs relations dynamiques considérées dans l'univers entier constituent un équilibre mobile et instable qui, comme tel, n'a jamais été précédé d'un équilibre stable absolu et ne pourra jamais en être suivi. L'activité fatale de la nature et l'activité libre de l'homme peuvent permettre une union d'harmonie et de solidarité que la liberté a pour but d'accomplir. Non, la fatalité des lois de la nature n'est pas absolue et elle permet l'interposition modificatrice de la liberté ; mais elle est antérieure, supérieure et plus étendue que la portée d'action de la liberté ; de cette façon elle en détruit les abus et en annule les écarts.

Pourquoi dites-vous que l'équilibre dynamique parfait, c'est-à-dire perpétuel et universel, est impossible.

Je dis qu'il est impossible, parce qu'il n'existe pas. En effet, s'il avait existé à un moment donné, l'équilibre universel donné n'aurait pu cesser que par une cause active quelconque, mais cette cause eût été en dehors de l'univers : ce qui est absurde. D'autre part, si l'on suppose que l'équilibre universel qui n'existe pas aujourd'hui puisse exister à la fin des temps, il n'en restera pas moins admis qu'il n'aura été que partiel dans le temps. L'équilibre universel n'est donc pas nécessaire, et c'est ce qui aurait lieu s'il n'existait que des lois effectives immuables et absolues comme celles que l'on parait admettre dans l'ordre des choses naturelles. Enfin, véritablement et scientifiquement, l'équilibre universel n'existe pas. 1° L'observation démontre la liberté et les œuvres de la liberté dans les arts, dans les sciences, dans toutes les branches de l'activité humaine. Par sa science et sa volonté, l'homme transforme à son gré les corps de la nature. Il se modifie volontairement lui-même, il fait le bien qu'il a délibéré et répare volontairement et librement le mal qu'il a commis. Si pourtant les lois naturelles de la fatalité le dominaient absolument, rien de pareil n'aurait lieu. Il est libre, au moins dans une certaine mesure, et cela est précisément ma thèse. 2° D'autre part, les corps de la nature dans toutes les positions, dans toutes les circonstances, en quelque moment que se fasse l'observation, sont constatés en état d'équilibre instable, c'est-à-dire, en activité variable de moment en moment; il est donc bien certain que la fatalité des lois de la nature n'a ni la nécessité, ni la perpétuité, ni l'universalité, qui seules la rendraient incompatible avec la liberté. En d'autres termes, la mobilité est contradictoire de l'absolu, ni les forces de la nature en rapport avec l'homme, ni la liberté ne sont absolues.

La science présente le monde comme contingent sous tous ses aspects particuliers et comme compatible avec la liberté bornée de l'homme et de l'humanité. Contentons-nous donc de ces deux données scientifiques et basons sur ces deux points tout l'établissement de la liberté; nous n'avons pas besoin de chercher davantage. La liberté existe et marche très-bien avec un monde variable dans tous ses éléments, c'est tout ce qu'il nous faut.

Résumez en quelques mots la solution scientifique que vous proposez pour expliquer l'accord possible de la fatalité naturelle et de la liberté humaine?

La fatalité des lois de la nature n'est pas absolue, les actions des êtres sont susceptibles de variations étendues sans destruction des lois naturelles. D'un autre côté, la liberté humaine est limitée dans sa puissance par la résistance invincible des lois de la nature. Il résulte de ces deux faits cette conséquence que la fatalité et la liberté peuvent et doivent s'accorder dans la production de l'ordre et de l'harmonie de l'humanité dans l'univers.

Quels sont les devoirs de l'homme envers les êtres de l'Univers ?

Il doit les connaître et les utiliser pour le plus grand avantage de l'humanité ; les êtres connus comme utilisables doivent être préservés de destruction et même d'oubli, au plus grand avantage de l'humanité.

Quels sont les devoirs de l'homme envers les lois de la nature ?

Il doit s'efforcer de les connaître pour les appliquer, les utiliser et y conformer sa liberté. Il ne doit pas oublier que les lois naturelles ne sont pas des êtres réels, mais seulement des créations de son esprit. Il ne doit pas en faire des idoles, mais s'en servir dans l'utilisation des êtres de l'univers, pour le plus grand avantage de l'humanité.

Quels sont les devoirs de l'homme envers les plantes ?

Bien que la vie anime les plantes et que chacune d'elles ait une existence indépendante en quelque sorte de tout ce qui l'environne, ce n'est point une liberté qui impose le respect d'un but particulier ou solidaire à accomplir. L'homme peut utiliser les plantes pour son propre bonheur. Il suffit qu'il n'en fasse pas un moyen de nuire soit à la liberté, soit au bonheur des autres hommes. L'homme doit appliquer son intelligence à rendre les plantes plus avantageuses à l'humanité.

Quels sont les devoirs de l'homme envers les animaux ?

Il doit les améliorer pour son usage, ménager leur sensibilité et leurs forces, et ne les sacrifier que pour l'amélioration et le plus grand bonheur de l'humanité. Il ne doit pas en faire un moyen de nuire à la liberté et au bonheur des hommes.

Est-il juste que l'homme donne la mort aux animaux ?

L'homme donne véritablement la vie aux animaux domestiques. Il leur rend la vie plus agréable et plus facile. Son rôle de destruction n'est pas sans compensation sur ces animaux eux-mêmes. Il a le droit de donner la mort, mais il doit employer les moyens qui suppriment autant que possible la douleur. Il doit aussi ménager chez les animaux les instincts qui sont respectés dans l'humanité : ainsi la maternité et l'amour.

L'homme peut-il prendre des précautions contre l'instinct de l'amour chez les animaux quand cet instinct offre des dangers pour les hommes eux-mêmes ?

Il a trouvé le moyen de se protéger en enlevant aux animaux ces instincts dangereux. Il fait subir pour cela une opération chirurgicale aux animaux. Il lui resterait d'appliquer le moyen de rendre insensibles ces opérations.

Quel sentiment devons-nous établir dans nos

cœurs en pensant aux animaux domestiques ou non nuisibles ?

Nous devons les considérer comme les compagnons de nos destinées, les aimer, les ménager, les protéger, et ne nous en servir que pour le plus grand bien de l'humanité, en les traitant avec douceur.

Que dites-vous du plaisir de la chasse ?

Bien que la chasse entraîne le sacrifice et la poursuite des animaux souvent inoffensifs, par des moyens qui excitent la frayeur et la douleur chez ces animaux, c'est un exercice salutaire pour l'esprit et pour le corps de l'homme, et comme tel il doit être toléré. Il ne faut pas oublier d'ailleurs que le gibier ne se développe que grâce à la protection de l'homme, et, en vertu de cette protection qui lui coûte, l'homme a véritablement le droit de mort sur le gibier.

L'homme a-t-il le droit de détruire les animaux nuisibles ?

Non-seulement il en a le droit, mais il en a même le devoir. Il serait peut-être plus parfait de les apprivoiser et de les utiliser ; mais quand la domestication est impossible, il doit les détruire.

Art. 2.

DEVOIRS DE L'HOMME

COMME MEMBRE DE L'HUMANITÉ

Quel est le devoir le plus général de l'homme vis-à-vis de l'humanité ?

Il doit se proposer de faire sa part d'efforts pour l'établissement de la justice entre tous les hommes. Il ne doit s'associer à aucun acte qui de près ou de loin attente à la liberté, au progrès des peuples et au bonheur de tous les hommes.

Devons-nous faire du prosélytisme chez les autres peuples pour les amener au même degré de civilisation que le nôtre.

Tout effort de prosélytisme est honorable pourvu que les moyens employés respectent la liberté des peuples et leurs lois, et qu'ils tendent tous à l'amélioration de nos semblables.

Le commerce est-il un moyen honorable d'établir des relations entre les peuples ?

Le commerce est un moyen honorable quand il respecte la justice, qu'il n'exploite pas l'ignorance ou les passions et qu'il ne met la force à son service que comme sanction du droit.

La liberté excuse-t-elle tous les actes de commerce librement exécutés ?

Non. Le commerce, en respectant les volontés, doit éclairer les intelligences, diriger les sentiments et augmenter véritablement le bien-être des peuples. Autrement, il ne serait que astuce, mensonge et exploitation.

Que dites-vous du commerce de l'opium chez les Indiens.

C'est un acte inique et inhumain, contraire à toutes les lois de la civilisation progressive.

Un peuple a-t-il le droit d'employer la force pour établir des comptoirs commerciaux chez d'autres peuples et les y maintenir ?

Un peuple n'a le droit d'employer la force que pour la justice et le droit. Il doit solliciter l'autorisation légale des établissements, respecter les lois et les engagements contractés, faire du commerce avec une intégrité parfaite, et il ne peut employer la force que quand il a mis le droit de son côté.

Devons-nous aimer et estimer tous les peuples au même degré.

Non. Nous devons aimer et estimer les peuples à la

mesure de leurs droits et de leur valeur dans le concert humanitaire.

Un peuple peut-il profiter de la barbarie d'un autre peuple pour s'en servir à son profit contre la justice ?

Non. Il n'est pas plus permis à un peuple d'abuser de l'ignorance, de la stupidité ou des passions d'un autre peuple, qu'à un particulier d'employer les mêmes moyens contre un autre particulier.

L'esclavage est-il licite ?

Non. L'esclavage est radicalement inhumain. Il détruit la liberté personnelle dans l'esclave et crée une tyrannie de volonté dans le maître, et ce sont deux choses destructives des conditions du progrès dans l'humanité.

L'amour de la patrie est-il un devoir ?

L'amour de la patrie est un sentiment naturel, ce n'est que dans des conditions exceptionnelles que cet amour devient un devoir.

Dans quelles conditions l'amour de la patrie devient-il un devoir ?

C'est lorsqu'il s'agit de l'enrichir, de lui donner les bénéfices de son travail ou de son génie, ou surtout lorsqu'il s'agit de la défendre dans la guerre.

Pourquoi est-ce un devoir de donner à sa patrie les bénéfices de son travail et de son génie ?

C'est un devoir de justice en compensation des services que nos ancêtres et nous-mêmes avons reçus de la patrie.

Prendre un brevet d'invention à l'étranger est-il une infraction aux devoirs envers la patrie ?

Il faut préférer son pays, mais on peut, pour le succès même de son invention, prendre un brevet à l'étranger, sans manquer aux devoirs du patriotisme. Il ne faut pas oublier que nous appartenons à l'humanité entière et que d'ailleurs le privilége du brevet n'est que temporaire.

Pourquoi est-ce un devoir de défendre sa patrie dans la guerre ?

Ce devoir est un juste retour des services reçus, et d'ailleurs la constitution même d'une nation a pour première base l'engagement réciproque de tous les citoyens de se livrer à la défense des droits, des lois et de la sécurité de la patrie commune.

Toute nation a-t-elle les mêmes droits aux sacrifices des citoyens qui la composent ?

Oui, toute nation a les mêmes droits sur les citoyens qui la composent. Ces droits sont basés sur la réciprocité de services qui existe entre les concitoyens, sur la solidarité des actes accomplis entre les concitoyens dans les temps successifs. Cependant chaque citoyen, en obéissant à la loi qui lui impose des sacrifices, a le droit et le devoir de protester contre l'illégitimité des actes nationaux auxquels il prend part.

Que doit-on faire lorsque, par exemple, on est

obligé de prendre part à une guerre que l'on trouve inopportune ou même injuste ?

Le besoin de l'ordre, sans lequel aucune société ne pourrait durer et progresser, oblige à la soumission à la loi ; mais cette soumission n'empêche pas de réclamer et de protester en faveur de la prudence et de la justice.

Que dites-vous de la guerre en général ?

La guerre est la plus terrible des nécessités. Elle est rendue nécessaire par les injustices des gouvernements envers les nations, de la même façon que la force publique est rendue nécessaire comme sanction des lois civiles dans les révoltes des citoyens contre la loi.

Quel est la source la plus ordinaire des guerres ?

La source la plus ordinaire des guerres réside dans les intrigues de la diplomatie et dans les manœuvres astucieuses et ambitieuses des gouvernements.

Est-ce que les intérêts des nations ne sont pas directement opposés, et, comme tels, les véritables sources des guerres ?

Les vrais intérêts des peuples sont d'augmenter leur bien-être, de consolider la paix et les œuvres de la paix, enfin, d'assurer de plus en plus le progrès de la civilisation. Ces vrais intérêts ne sont pas contradictoires, mais peuvent être harmonisés.

N'y a-t-il pas un grand intérêt pour une nation

à s'emparer exclusivement d'une branche de commerce pour l'utiliser à son profit ?

Il y a là, en effet, un grand intérêt, mais cet intérêt est égoïste, et comme tel il peut blesser le droit et la justice. Car l'humanité n'a rien à perdre à ce que tel ou tel acte de commerce soit fait par une nation plutôt que par une autre. Il importe que le commerce se développe et il importe encore davantage que la justice et la bienveillance règlent les rapports des nations et non pas la ruse et la force.

Que dites-vous des guerres de conquête ?

Les guerres de conquête sont aussi répréhensibles que les vols à main armée exécutés par les bandits sur les grands chemins.

Que dites-vous d'une guerre de conquête qui a pour but la revendication d'un pays autrefois enlevé à la nation par la guerre ?

Cette guerre est un crime si elle est faite contre le gré de la nation revendiquée. Malgré tout le succès d'une pareille guerre, elle reste un abus de la force, et le droit de revendication demeure vivace tant que la volonté du peuple conquis ne s'est pas franchement soumise. En réalité, le seul droit est celui de la volonté des peuples. D'ailleurs, au point de vue des intérêts, cette guerre de revendication est un anachronisme à notre époque. En effet, les relations commerciales et autres des peuples entre eux sont devenues si faciles et si multipliées que le bénéfice d'appartenir à une grande nation est à peu près nul. La province à conquérir n'a aucun bénéfice de civilisation à passer sous un autre gouvernement, et le pays qui fait l'annexion n'a lui-même à recueillir de cette annexion aucun bénéfice sensible.

Mais la guerre d'annexion et de revendication n'est-elle pas légitime, si la province à conquérir demande elle-même sa réintégration ?

Le vœu des populations pour un gouvernement, des lois et des mœurs qui leur conviennent, pourrait être un motif légitime d'annexion. Mais cette annexion peut se faire de gré à gré, et la guerre n'est aucunement nécessaire.

Les intérêts des peuples, dans les pays civilisés au degré où se trouve l'Europe, n'ont donc véritablement aucun motif légitime de guerre ?

Si les intérêts des peuples étaient les véritables lois des gouvernements, il suffirait aux nations de se soumettre aux règles de la justice, jamais les guerres ne deviendraient nécessaires.

Est-ce que la Justice entre les nations serait une régle suffisante ?

Oui, la justice seule est suffisante et nécessaire. La force ne devrait être employée par les gouvernements que comme sanction du droit et dans le cas seulement où le droit serait lésé en matière extrêmement grave.

Est-ce que les nations sont soumises aux

mêmes lois naturelles de Justice que les particuliers entre eux ?

Oui, la justice est une. Les nations ne sont que des groupes plus considérables. Comme les groupes plus restreints, familles, corporations, sociétés, dans une nation, les règles de la justice leur sont impérieusement imposées.

Par qui la Justice peut-elle être imposée aux nations ?

La justice est imposée aux nations par la nature de l'homme, par le but universel de l'humanité, par leur intérêt bien entendu. Elle devrait leur être manifestée par une force internationale qui imposerait son autorité à chaque gouvernement.

Comment se fait-il que les guerres soient encore si fréquentes au milieu des peuples civilisés ?

Cela est dû à ce que les nations, comme individualités, n'ont pas encore compris que leur intérêt est dans le respect du droit. Les nations n'en sont pas encore arrivées à cette idée qui a établi la paix entre les citoyens au plus grand avantage du bonheur commun. A l'origine des sociétés, la force faisait le droit. Les particuliers ont compris qu'ils augmenteraient leur bonheur, leur puissance et leur liberté en s'unissant entre eux par la justice. Les nations, par les gouvernements au moins, se croyant assez fortes par la ruse et la violence, ne consultent que leur intérêt particulier et ne se soumettent pas aux règles de la justice.

Pourquoi dites-vous : par les gouvernements au moins ?

C'est que l'idée de justice organisatrice du bonheur et de la liberté dans les rapports des particuliers est assez universellement connue jusque dans ses applications aux rapports internationaux pour que les peuples eux-mêmes en réclament l'application. Mais les gouvernements ne savent pas ou ne veulent pas briser les liens d'une tradition historique barbare en instituant un tribunal international qui réglerait en justice les intérêts des nations.

Pourquoi les gouvernements ne veulent-ils pas ou ne peuvent-ils pas instituer une Justice internationale.

La gloire, le luxe, l'amour de l'autorité, l'orgueil de race, cette prétention surhumaine de posséder des droits supérieurs à ceux des autres hommes, l'égoïsme national accepté comme tendance légitime, l'habitude et l'éducation, enfin la sottise, l'ineptie ou la lâcheté des peuples conservent les gouvernements monarchiques et avec les gouvernements monarchiques toutes les misères et les abus traditionnels de cette forme de gouvernement.

Expliquez la justesse de votre accusation contre la forme monarchique des gouvernements?

Le monarque, par tradition, est le chef de la nation considérée comme force collective. Le point de vue de la force nationale domine dans l'esprit du monarque. Il fait la paix, contracte des alliances, déclare la guerre, et commande les armées. Sous un pareil gouvernement, tout conspire, pour placer l'intérêt national particulier à la place de la justice. La gloire de guerrier et de conquérant, la réputation d'habileté diplomatique, les flatteries stupides et indignes des écrivains, excitent le monarque; d'un autre côté, l'envie, la jalousie, le désir de conquérir la gloire ou quelque fortune, tous les sentiments égoïstes de la nation enfin, se réunissent pour préparer, susciter et envenimer les guerres.

Au contraire, dans un gouvernement véritablement populaire et démocratique, la justice domine à l'intérieur et à l'extérieur, la paix et le bonheur du peuple sont le plus grand intérêt; l'idée de l'harmonie universelle des volontés, qui fait la base de l'ordre national, s'impose au même degré et avec la même facilité comme base de l'ordre humanitaire par la justice entre les nations. La plus grande gloire du gouvernement démocratique est le bonheur du peuple, la civilisation progressive et l'amitié des autres peuples. Il se propose d'être le plus heureux et le plus honnête, et non le plus rusé et le plus fort. Il conquiert les autres nations par la pénétration libre de ses idées, de ses sentiments et de son exemple. La guerre est pour lui le plus grand malheur, une preuve d'inhabileté peut-être, plus souvent une preuve d'injustice et par conséquent un motif de condamnation de la part des nationaux et des autres peuples.

Est-ce qu'un monarque ne peut pas aussi bien instituer la Justice dans la nation et dans ses rapports avec les autres nations ?

La tradition, les habitudes, la force organique des

rouages monarchiques, tout cela est plus fort que la sagesse d'un monarque. L'histoire démontre la justesse de mes appréciations.

Un gouvernement démocratique ne peut-il pas tout aussi bien obéir aux idées d'intérêt particulier et de force ?

Quand un gouvernement démocratique s'appuie sur l'intérêt exclusif et sur la force, il est inconséquent avec son principe et son but. Or, l'homme est naturellement logique dans ses pensées et dans ses actions. La forme républicaine du gouvernement le poussera donc naturellement vers la justice plutôt que vers la force et la violence dominatrice. Le cadre d'un gouvernement démocratique peut recevoir toutes les nations dans une paix commune. Le cadre d'une monarchie est exclusif des autres nations; il ne permet que la guerre et l'égoïsme.

N'est-ce pas une utopie de croire à la possibilité d'établir la Justice comme base des relations internationales ?

Non. Ce n'est pas une utopie de croire qu'il est possible à la justice de régler les rapports des nations entre elles. Déjà les gouvernements monarchiques ont quelque peine à continuer leurs actes d'égoïsme national; non-seulement ils doivent tromper et surprendre les nations étrangères, mais il faut qu'ils donnent le change aux nationaux eux-mêmes. Les peuples ne suivraient plus un gouvernement qui proposerait ouvertement une guerre pour un but de conquête, de gloire militaire, de domination violente. Il faut inventer des prétextes et colorer de justice les motifs égoïstes de la politique monarchique. Les peuples ont donc déjà un sentiment profond de justice internationale. La liberté de décision et d'examen seule leur manque sous l'organisme monarchique des institutions gouvernementales. Que les peuples prennent possession d'eux-mêmes, ils sont assez éclairés et assez justes pour évincer toutes les occasions de guerre et profiter de toutes les alliances pacifiques entre eux.

A quel signe reconnaît-on ce qui est bien et juste entre les nations ?

Le bien est avantageux à la nation sans nuire à aucune autre. Si ce que l'on se propose de faire peut être généralisé à l'humanité entière au bénéfice du bonheur général, l'acte proposé est bon et juste.

TROISIÈME PARTIE

DEVOIRS DU CITOYEN

OU

DE L'HOMME DANS LA NATION

NOTIONS GÉNÉRALES

Qu'est-ce qu'une nation ?

C'est un assemblage de familles unies sur un terrain qui leur appartient par des lois et un gouvernement communs.

Comment se constituent les nations ?

Les nations se sont constituées par des entreprises faites en commun et poursuivies plus tard dans le même pays, sous les mêmes lois et les mêmes gouvernements, avec les mêmes mœurs et au milieu des mêmes difficultés vaincues en commun.

L'origine de chaque nation est-elle bien légitime dans les moyens employés ?

L'histoire démontre que la guerre, le pillage, la violence ont été à l'origine de toutes les nations. C'est à cette origine que se rattache la tradition militaire chez les peuples même les plus civilisés. Aujourd'hui, les peuples ne se réunissent plus sciemment pour enlever du butin à des peuples voisins et vivre ainsi ou s'enrichir aux dépens des faibles et des laborieux. Bien que les mœurs ne permettent plus de pareilles entreprises, on garde par crainte ou par mauvais vouloir l'organisme politique qui en était directement la conséquence, c'est-à-dire les monarques et les armées permanentes.

Qu'est-ce qui constitue aujourd'hui le lien national des hommes dans la même patrie ?

C'est la mutualité des efforts, la réciprocité des services, des engagements, des droits et des devoirs, la solidarité des bénéfices et des réparations, enfin l'union des volontés dans l'accomplissement du même but national et humanitaire.

Qu'appelle-t-on civilisation ?

La civilisation comprend tous les biens communs qui unissent entre eux les membres d'une même nation. Cette civilisation est progressive, et chaque nation présente sous ce titre une résultante particulière qui établit son ordre de mérite dans le concert humanitaire.

Est-ce un grand bonheur d'appartenir à une nation civilisée ?

C'est un bonheur inappréciable, et, pour prix de ce bonheur, chacun de nous doit faire tous ses efforts pour améliorer encore le bonheur général.

La France est-elle une des nations les plus civilisées ?

Oui, la France est une des nations les plus civilisées. Sa langue est la plus logique et l'une des plus riches par sa littérature. Ses lois sont les plus libérales, les plus justes et les plus capables de s'adapter au progrès général de l'humanité. Ses mœurs sont les plus généreuses et les plus dignes d'imitation. Ses tendances nationales n'ont rien d'exclusif et de tyrannique, elles préparent les esprits à l'ordre universel par la justice et la liberté. Malheureusement, ses traditions historiques enchaînent les instincts nationaux loin du point atteint par les intelligences et, à cause de cette division des sentiments irréfléchis et des sentiments justifiés, la France reste divisée, hésitante et impuissante dans son rôle humanitaire.

A quels instincts faites-vous allusion quand

vous parlez des instincts traditionnels et des sentiments irréfléchis ?

Je pense aux instincts monarchiques et catholiques qui ont pénétré la masse des esprits et les institutions. Ainsi, c'est par irréflexion que l'on se figure qu'il ne peut y avoir d'ordre que par l'autorité d'un chef et par la concentration dans ses mains de tous les pouvoirs sociaux. Cette fausse idée nous est donnée en France par la tradition monarchique de notre gouvernement, l'habitude des rouages administratifs de la centralisation, et enfin par l'éducation catholique qui nous montre l'autorité comme une émanation de Dieu et de l'Eglise, et non comme une libre détermination des volontés de la majorité des citoyens capables de leur rôle social et politique.

Qu'entendez-vous par les instincts réfléchis, les sentiments justifiés et les tendances nationales de la France ?

J'appelle instinct réfléchi ce sentiment de dignité personnelle qui est développé chez tous les Français, et par suite duquel ils sentent en eux-mêmes la liberté de leur volonté et la responsabilité de leurs actes ; par conséquent, leur consentement, nécessaire à la loi, et le choix volontaire de leurs juges et de leurs chefs dans toutes les conditions sociales et politiques. J'appelle enfin tendances nationales cette préoccupation universelle des Français d'adapter leurs lois et leurs institutions à la nature humaine, sans distinction de caste, de nationalité, de race, en un mot, à l'universalité des hommes, dans tous les temps. A ce dernier point de vue, ils sont la nation la plus civilisée du globe et ils pourraient devenir le centre d'attraction de tous les peuples dans la justice et dans la paix. Les autres nations trouvent leur force et dirigent leurs actes dans des sentiments égoïstes, ennemis du progrès humanitaire chez les autres nations. La France trouve sa force dans sa générosité et dans ses sentiments favorables au progrès général. Respect de tous les hommes, union et solidarité avec tous les hommes, telle est la tendance nationale.

Comment entre-t-on dans une nation?

On y entre par la naissance et par la naturalisation.

Qu'est-ce que la naturalisation ?

On appelle ainsi le caractère et les droits de citoyen accordés par le gouvernement à un étranger qui en fait la demande. On appelle encore ainsi le droit naturel d'être compté parmi les citoyens, quand, dans un pays, les aïeux ou le naturalisé lui-même ont eu leur domicile et exercé leur industrie pendant un temps marqué par la loi.

Est-ce un grand avantage d'être citoyen d'un pays civilisé ?

Oui. Il existe dans un pays civilisé, en dehors des lois et des institutions politiques ou civiles, tout un ensemble de richesses sociales qui constituent le domaine public et auquel chaque citoyen prend sa part. Le droit de citoyen pour un étranger dont les aïeux n'ont rien fait ni pour l'établissement des lois et des institutions, ni pour l'accumulation des richesses du domaine public, serait pour cet étranger un don gratuit d'une importance considérable.

Comment cesse-t-on d'être citoyen d'une nation?

On cesse d'appartenir à la nation par l'exil volontaire ou par certaines condamnations.

Ne suffirait-il pas à un citoyen de déclarer qu'il ne veut plus appartenir à la nation pour cesser d'en faire partie?

Non, cela ne suffirait pas. Car, en continuant à demeurer dans le pays répudié, il participerait aux avantages du domaine commun en esquivant un grand nombre de charges onéreuses justement, mais exclusivement imposées aux citoyens.

Quelles sont ces charges imposées aux citoyens?

Ce sont les charges militaires.

Les étrangers non naturalisés supportent-ils leur part des charges publiques?

Oui, ils sont obligés de se soumettre aux lois et aux juges. Ils sont obligés de payer les impôts pour leurs propriétés ou leur industrie. Mais ils ne jouissent pas des droits civils de vote et de jugement comme juré. Ils sont exceptés du service militaire.

Quelle est la raison de ces exceptions?

Les droits civils sont un honneur qui ne leur est pas

accordé parce qu'ils n'ont pas rendu au pays les services que supposent ces droits précieux. On peut d'ailleurs croire avec raison que les étrangers ne peuvent complétement entrer dans l'esprit national et même que leur affection naturelle pour leur pays d'origine ne leur permet pas de se dévouer complétement pour leur pays d'habitation, ainsi que cela est commandé par le rôle militaire.

Est-on citoyen d'un pays aussitôt après la naissance.

Non. Les enfants ne sont pas véritablement des citoyens. Ils font partie intégrante de la famille représentée dans l'Etat par le père. Ils entrent comme citoyens dans la nation par leur majorité.

A quel âge un homme est-il majeur et compte-t-il comme citoyen ?

A l'âge de vingt ans. C'est à cet âge que la loi l'appelle au service militaire et qu'elle le compte comme unité civile par l'impôt personnel.

Le citoyen arrivant à la majorité est-il citoyen de plein droit ?

Le jeune homme, à vingt ans, est considéré comme entrant volontairement dans la nation, il fait tacitement acte de soumission aux lois établies et à toutes les charges qui sont imposées à tous les citoyens. Il participe aussi, dès lors, à tous les avantages nationaux.

Y a-t-il véritablement un contrat social passé entre la nation et chaque citoyen ?

Le contrat est tacite, mais il n'en est pas moins un contrat libre avec ses conditions réciproquement imposées et basées sur la justice. Le citoyen s'oblige à respecter les lois et à travailler au progrès national. La nation promet sécurité et protection à chaque citoyen, elle le dégage de toute autre servitude que de celle des lois, et elle l'appelle à la participation effective non-seulement dans l'usage du domaine commun, mais encore et surtout dans la confection des lois et dans leur application.

Montrez comment les conditions du contrat social sont justes?

La solidarité effective qui existe entre tous les citoyens d'une même patrie est la source de la légitimité du contrat social. Ce contrat, d'ailleurs, est légitime en lui-même lorsqu'il constitue et préserve la dignité humaine, lorsqu'il sauvegarde la liberté de chacun et qu'il harmonise l'homme dans la nation et la nation dans l'humanité.

Montrez cette solidarité effective qui existe entre les citoyens d'une même patrie ?

La solidarité des citoyens dans la patrie n'est pas exclusive de rapports de même nature avec le reste de l'humanité ; ces rapports de solidarité sont seulement plus stricts, et ils sont organisés d'une façon plus régulière dans leur réciprocité. Ainsi, les ancêtres du jeune citoyen ont vécu, ont travaillé et ont laissé dans la nation leurs exemples, leurs enfants, et les résultats de leur travail. A ce titre, les enfants ont des droits acquis et des devoirs à accomplir. Tous les avantages sociaux qui résultent du travail et des bonnes œuvres de leurs ancêtres sont des services rendus au pays, qui en a profité de proche en proche dans tous ses éléments actifs et libres. De même aussi, car la vie humaine est mêlée de bien et de mal, les fautes, les erreurs et les mauvais exemples commis par leurs ancêtres ont altéré la marche du progrès national et le bonheur des concitoyens; la réparation des suites du mal commis par les parents est une obligation plus étroite pour les enfants. Dans une société bien organisée, ainsi que dans un corps vivant, chaque unité individuelle travaille en faveur du tout, et l'ensemble, à son tour, consolide, affermit et multiplie les forces de chaque individualité. Ces rapports, considérés dans l'espace occupé par la nation et dans le temps qui s'écoule depuis sa constitution sociale séparée, forment ce qu'on appelle la solidarité nationale.

Cette solidarité ne vous semble-t-elle pas plus fatale que volontaire, et, par conséquent, incapable de constituer par elle-même la Justice qui est une œuvre de liberté ?

La solidarité est, en effet, un résultat fatal de la société. Pour que cette loi, purement naturelle, devienne une œuvre humanitaire de justice et de liberté, il faut que chaque citoyen ait conscience de ses droits et de ses devoirs, qu'il sauvegarde les uns et pratique les autres en connaissance de cause, qu'il constitue des lois qui respectent les droits et facilitent les devoirs de tous les autres hommes, même placés en dehors de la nation, et qu'ainsi il travaille au bonheur de l'humanité par l'harmonie des libertés dans la justice. Quand la solidarité naturelle est devenue justice sociale, chaque individu a conscience de sa dignité et de la grande valeur de son rôle. Il sent qu'il est un organe utile dans l'organisme national. Il éprouve tout le bonheur dont l'homme est capable quand il a conscience d'être un instrument de quelque valeur dans le progrès et le bonheur de l'humanité.

Toutes les nations offrent-elles aux citoyens cette perspective pleine de grandeur et de satisfaction ?

Non. Le rôle de justice active pour chaque homme est variable avec la civilisation particulière de chaque nation. Nulle autre nation n'est supérieure à la nation française à ce point de vue.

SECTION PREMIÈRE

DEVOIRS POLITIQUES DU CITOYEN

NOTIONS GÉNÉRALES ET DIVISION

Pourquoi placez-vous au premier rang des devoirs du citoyen ses devoirs politiques ?

Les devoirs politiques méritent le premier rang dans la série des devoirs du citoyen parce que l'ordre politique est le plus important. C'est par l'économie des institutions politiques qu'une nation entre comme élément dans le concert des peuples. C'est par ses institutions politiques qu'elle accomplit son rôle national dans l'humanité. C'est par ses institutions politiques qu'une nation assure la puissance, la liberté de chaque citoyen et le libre exercice de son activité. Les désordres politiques sont d'ailleurs les plus difficiles à corriger et à réparer, ils sont suivis des résultats les plus désastreux et c'est en tous cas le progrès politique qui est le plus difficile à réaliser.

En quoi les désordres politiques sont-ils si grands et si menaçants ?

C'est la politique qui met les nations aux prises par la guerre. C'est la politique qui fomente les haines et les divisions entre les nations. Dans la nation même, les divisions politiques produisent les partis avec leurs passions et bientôt après les révoltes et les guerres civiles.

L'ordre politique des nations n'est-il pas un fait de tradition historique et de mœurs ?

Il en est ainsi, en effet. Les institutions politiques les plus universellement répandues sont des restes d'un âge où le rôle des nations était la domination par la force. Tout était combiné de façon à faire de la nation entière une force d'attaque et de défense parfaitement coordonnée dans chaque partie et partout subordonnée à une volonté qui prenait la conduite générale des affaires. La force nationale étant l'idée directrice générale dans l'organisation des rouages politiques de la nation, il en résultait que tout autre ordre d'activité politique se subordonnait à l'organisation guerrière de la nation; de là les monarchies, la féodalité, l'importance de la caste militaire, l'effacement des ordres non militaires et par conséquent l'immoralité politique générale, manifeste surtout dans la diplomatie.

Y a-t-il un ordre politique normal qui puisse et doive établir et diriger les nations dans le progrès humanitaire ?

Oui, la justice établit un ordre politique qui préserve

et consolide la liberté particulière de chaque citoyen dans la nation, qui préserve et consolide la liberté de la nation dans ses rapports avec les autres nations et qui peut faire de l'humanité entière un organisme aussi régulier et pacifique que le comporte la nature humaine.

Quel est le moyen d'établir ces institutions politiques normales dans une nation ?

Ce moyen est la révolution pacifique.

Je croyais que toute révolution était une guerre civile, violente, et, comme telle, capable de détruire mais incapable d'instituer rien de bon et de durable ?

La révolution politique peut être absolument pacifique. La violence dont elle est l'occasion pourrait ne pas se produire si les citoyens savaient comprendre la justice de leur cause et s'unir entre eux pour accomplir leur volonté, si surtout les institutions en permettaient l'action régulière.

Le mot révolution n'est donc pas synonyme de désordre ?

Non, la révolution est le changement politique que la nation juge bon d'accomplir pour son plus grand bonheur et pour le meilleur développement de sa puissance et de sa liberté.

Assurer un mécanisme révolutionnaire qui puisse pacifiquement modifier l'état politique

d'une nation serait donc un trait de sagesse des constitutions ?

Oui. Les nations ont un but progressif à accomplir; cet accomplissement se fait nécessairement pas à pas, partie par partie ; pour éviter des changements par la violence, il faut les rendre pacifiquement réalisables.

N'y a-t-il aucune base inébranlable et certaine en politique ; n'y a-t-il, enfin, rien qui ne puisse être modifié par la révolution ?

S'il n'y avait quelques principes fixes et invariables, quelques vérités universellement admises par tout homme dans la rectitude de son jugement, la politique ne pourrait être une science et les hommes vacillants sur ce terrain mobile en seraient réduits à se livrer à tous les hasards des événements.

Il existe des principes politiques au-dessus de toute discussion et basés sur la nature humaine et sur le rôle que l'humanité est appelée à jouer dans le concert universel.

Quel est le premier principe politique à invoquer ?

C'est que le gouvernement est fait pour les citoyens et par les citoyens, et non pas les citoyens pour le gouvernement et par le gouvernement.

Quel est le second principe ?

La source de toute autorité est dans la volonté des citoyens, autrement dit dans la souveraineté du peuple, c'est-à-dire, dans l'union des souverainetés individuelles.

Quel est le troisième principe ?

Toute société nationale doit se proposer pour but la civilisation progressive de ses membres.

Quel est le quatrième principe ?

L'ordre est absolument nécessaire à la sécurité et au progrès des sociétés, et la justice est le moyen d'ordre que doit employer le pouvoir politique.

Quel est le cinquième principe ?

L'unanimité des volontés sages et libres étant impossible, l'autorité de fait appartient à la majorité. La soumission de fait est imposée à la minorité.

Quel est le sixième principe ?

Toute autorité de fait est provisoire et temporaire. Par conséquent la minorité doit toujours avoir le droit et les moyens légaux de discuter, de critiquer et de proposer des réformes.

Quel est le septième principe ?

Plus l'autorité de fait est constitutionnellement précaire, plus la soumission provisoire doit être complète.

Faites ressortir les conséquences du premier principe ?

De ce que le gouvernement est fait par les citoyens

et pour les citoyens, il s'en suit que l'opinion publique et surtout le libre vœu des comices assemblés ou représentés doivent être non-seulement respectés mais même protégés par le gouvernement.

Toute mesure administrative ayant pour but apparent ou caché de frelater l'opinion publique, de gêner, de troubler, de restreindre ou de modifier la libre expression de la volonté nationale est un crime de lèse-souveraineté nationale. Une constitution ne peut être bonne que si elle assure le libre exercice de la souveraineté du peuple et si elle empêche jusqu'à la possibilité des tentatives d'usurpation de la part du gouvernement et d'oppression illégale ou tyrannique de la part de la majorité.

Donnez la preuve rationnelle du second principe ?

Chaque volonté individuelle est libre, ne relève que de la conscience morale de chacun, par conséquent est **souveraine** d'elle-même. La nation n'étant qu'une somme d'individus, de volontés, la souveraineté nationale est la somme de toutes les souverainetés individuelles. La similitude d'intelligence, la similitude de langage, l'identité des sentiments affectifs, l'identité des sentiments moraux, la même conscience de responsabilité, les mêmes besoins à satisfaire, les mêmes tendances à accomplir, les mêmes intérêts mutuels et réciproques constituent le lien qui fait de toutes les volontés un faisceau d'autant plus solide que la loi de justice l'impose identiquement à chacun dans les mêmes rapports. Voilà pourquoi la souveraineté du peuple est la source naturelle, efficace et légitime de toute autorité dans la nation.

Est-ce que la possession traditionnelle et perpétuelle de l'autorité souveraine par une famille n'est pas légitime ?

Cette autorité n'est légitime que par l'acceptation tacite des citoyens. Mais, comme elle est en dehors du droit naturel, elle est précaire et peut être à chaque instant légitimement revendiquée par la souveraineté nationale qui seule est l'autorité naturelle, immédiate, indiscutable, imprescriptible et inaliénable.

Est-ce que la délégation perpétuelle de l'autorité à un homme et à ses descendants n'est pas un acte libre de la souveraineté du peuple ?

Une pareille délégation est illégitime parce qu'elle compromet facilement, fatalement la souveraineté du peuple. Chaque volonté est changeante avec les progrès de l'intelligence et avec les changements de la civilisation ascendante. Ce qui a pu être la réalisation d'une volonté commune à un moment donné, devient un obstacle à la volonté légitime de la nation au bout de peu de temps. Dès lors aussi que l'autorité souveraine a été déléguée, le possesseur prend toutes ses mesures pour se maintenir par la ruse et par la force ; il existe alors véritablement deux souverainetés opposées et ce dualisme ne peut produire ou que la tyrannie ou que l'annulation plus ou moins complète de la véritable souveraineté nationale. Une organisation de la force publique et de la police aux ordres d'un monarque suffit pour tenir la souveraineté du peuple en servitude. Ce n'est plus qu'une affaire d'habileté, et un monarque trouve toujours des complices pour maintenir son usurpation.

Est-ce que l'autorité souveraine de la nation, s'exerçant directement, est toujours légitime, c'est-à-dire sage et juste dans son exercice ?

De même que la souveraineté de chaque volonté est capable d'erreur et de mal, qu'elle est responsable de ses actes et de leurs suites, qu'elle est passible de la réparation de ses fautes et que la justice morale est la mesure de son bonheur véritable ; de même la souveraineté nationale est capable d'erreur et de défaillances, mais elle en est fatalement responsable et elle rachète par ses efforts et ses vertus les fautes qu'elle a commises et qu'elle répare dans la série des temps. Une nation ne peut remplir son rôle de justice dans l'humanité que par ses efforts et par sa volonté, de même que la conscience individuelle se justifie par sa vertu et ses efforts personnels.

N'est-ce donc pas un avantage pour une nation de substituer une volonté et une responsabilité à la sienne ?

Une nation ne peut pas plus abdiquer ce qui fait la valeur de l'humanité, c'est-à-dire la liberté et la responsabilité de ses actes, qu'une conscience ne peut se dépouiller de toute valeur personnelle en s'abandonnant comme un instrument passif aux décisions d'une autre conscience.

L'abandon de sa souveraineté à une famille, selon l'ordre héréditaire, n'est-il pas, pour une nation, un moyen excellent de stabilité politique?

Ce point de vue de la stabilité politique est le prétexte spécieux qu'emploient les partis monarchiques contre l'ordre républicain ; mais nous verrons plus bas que la stabilité politique peut être beaucoup mieux et plus solidement constituée dans un organisme républicain que dans un organisme monarchique.

Les mœurs de la France égalitaire sont antipathiques à l'admiration et au respect sans lesquels un monarque ne peut se maintenir. Un monarque d'ailleurs ne peut se soutenir qu'au moyen d'une aristocratie aussi artificielle que lui, et la France ne peut reconnaître et respecter qu'une aristocratie : celle du mérite personnel.

La volonté souveraine d'une nation est-elle susceptible de plus ou moins de légitimité ?

La volonté souveraine de la nation est légitime de fait, tant que cette volonté persévère. Mais elle n'est légitime de droit que si cette volonté est l'expression de la prudence pratique et de la justice d'intention qui doivent toujours régler les volontés particulières, et par conséquent aussi la volonté générale. Il y a des degrés dans la prudence et dans la clairvoyance des rapports de justice ; c'est pour cela qu'il y a aussi des degrés de légitimité de droit dans les actes de la souveraineté nationale.

Dites de nouveau le troisième principe de la politique ?

Toute société nationale doit se proposer pour but la

civilisation progressive de ses membres et le progrès général de l'humanité.

Qu'appelez-vous civilisation progressive ?

Nous avons dit que la civilisation est la résultante de toutes les conditions favorables au bonheur et à la justice réalisées dans la nation.

Une nation peut-elle négliger ou même sacrifier les intérêts justes des autres nations pour son plus grand bonheur ?

L'égoïsme national n'est pas plus sage que l'égoïsme individuel dans les rapports des citoyens entre eux. La justice seule est la base de la paix, de l'ordre et du bonheur ; cette loi générale, seule universelle, s'impose aussi bien à la nation qu'à l'individu. Il faut renoncer à l'ordre dans l'humanité et au bonheur des hommes par la liberté si celle-ci n'accepte pas partout et toujours les lois de la justice comme règle de ses actes. Ni la grandeur, ni la force, ni la fortune, ni les jouissances matérielles ne peuvent réaliser par une virtualité propre l'ordre dans l'humanité. Ce n'est que par une erreur d'appréciation que l'un ou l'autre de ces buts d'activité serait considéré comme moyen de bonheur pour une nation. Toutes ces tendances égoïstes aboutissent à la haine, à la division, à la violence et à tous les secours secondaires que trouvent ces passions principales dans la ruse, la duplicité, le mensonge. Le besoin de force au dehors impose une organisation tyrannique au dedans : pas de sécurité, pas d'expansion, pas de liberté, tous les maux s'enchaînent à la suite du mépris de la justice internationale.

La Liberté nationale est donc bornée par la Justice internationale ?

La justice internationale est en vérité la limite de la liberté d'une nation, mais loin de croire que la liberté soit restreinte ainsi par la justice, il faut voir au contraire ce qui est, c'est-à-dire qu'elle en est consolidée, augmentée, multipliée. C'est de la même façon que le respect de la justice entre les concitoyens loin de diminuer la liberté individuelle, lui a donné une multitude d'applications nouvelles, une sécurité merveilleuse et qu'elle l'a rendue la source éclatante du vrai bonheur de l'homme. Car avec la justice internationale naissent la liberté des communications, la liberté des transactions, la liberté des échanges, l'union des efforts dans de grandes entreprises internationales, la victoire de la force humaine sur les résistances matérielles et par contre-coup la libre expansion de la souveraineté du peuple dans l'Etat.

Quelle conséquence pratique tirez-vous de ce troisième principe politique ?

Il en résulte que la constitution de l'Etat doit mettre au premier rang des institutions celles dont les attributions sont l'établissement et la sauvegarde de la justice entre la nation et les autres nations et entre les citoyens dans l'Etat.

Qu'est-ce que l'ordre dans la société ?

C'est l'agencement régulier des rapports politiques entre les citoyens et entre les pouvoirs, le tout réglé par les lois jusqu'à ce que ces lois soient modifiées.

L'ordre est-il nécessaire dans les sociétés ?

Il est nécessaire que les attributions de chaque citoyen soient très-régulièrement déterminées par les lois, et qu'ainsi l'ordre soit établi dans l'activité politique de la nation. Sans ordre, les puissances sociales s'annuleraient, se gêneraient, se contrediraient au détriment de la liberté générale et de la puissance totale de l'Etat.

Le besoin d'ordre est-il supérieur à tout dans l'Etat, même à la Liberté, même à la Justice ?

L'ordre n'est qu'un moyen nécessaire de stabilité et de progrès. La justice dans la liberté est le dogme supérieur des sociétés. La forme de l'ordre en subit elle-même la loi ; autrement, sous prétexte d'ordre et de stabilité, la société pourrait s'abandonner à une tyrannie ou s'immobiliser dans des mœurs et des habitudes négatives de tout progrès ultérieur.

Comment formulez-vous le cinquième principe politique ?

L'unanimité des volontés sages et libres n'existera jamais, l'autorité de fait nécessaire à l'établissement et au maintien de l'ordre dans l'Etat appartient à la majorité des volontés, la soumission de fait est imposée à la minorité.

Pourquoi n'y a-t-il pas unanimité des volontés dans la Justice ?

C'est là malheureusement un fait d'observation de tous les pays et de tous les temps : sitôt qu'un grand nombre d'hommes sont réunis, les diversités de sexe, d'âge, d'instruction, de moralisation, de besoins, d'intérêts, de préjugés, d'opinions, d'aptitude à juger, empêchent l'unanimité des volontés. L'unanimité est d'autant plus difficile à obtenir que la société est plus nombreuse.

L'autorité de fait accordée à la majorité est-elle une démonstration de la Justice de l'ordre qui en résulte ?

Non, l'autorité de fait n'est pas sûrement l'autorité de droit. Non seulement il n'est pas certain que la volonté de la majorité soit pratiquement la plus sage ; mais il est malheureusement impossible que la volonté de la majorité réponde exactement à l'idéal de justice que comportent le fait, le moment et les circonstances qu'elle règle.

L'ordre social est donc toujours imparfait dans l'Etat et dans l'humanité ?

Oui, et tous les efforts des intelligences et des bons citoyens doivent tendre à diminuer le plus possible les imperfections de l'ordre social.

D'un côté, vous émettez le principe de l'inaliénabilité de la souveraineté nationale, et de l'autre, vous établissez l'impossibilité pratique de l'ordre par l'unanimité des volontés ; comment

pouvez-vous résoudre ces difficultés dans la pratique ?

On résout ces difficultés en pratique en prenant des mesures qui garantissent autant que possible le besoin d'ordre et les principes de justice politique, c'est l'application du 6e principe. Premièrement, l'autorité politique en dehors de la souveraineté reçoit des attributions définies et ne s'exerce que par délégation; sous la responsabilité sérieuse des agents devant la nation.

Secondement, toute délégation bornée dans ses attributions et responsable, est encore temporaire et conditionnelle.

Troisièmement, toute liberté d'examen, de critique et d'accusation est donnée et garantie aux citoyens, contre les actes et les agents de l'autorité. Les voies de fait seules sont défendues par la loi, et l'obéissance provisoire des particuliers aux agents de l'autorité reste obligatoire sauf protestation et recours. Cette soumission doit être d'autant plus complète que l'autorité est plus provisoire, ainsi que le demande le septième principe.

Quatrièmement, des tribunaux administratifs spéciaux sont établis en pleine indépendance pour résoudre les conflits, les litiges et les plaintes relatifs aux agents de l'autorité.

Cinquièmement, la nation est consultée dans ses comices aussi souvent que le demande le progrès des idées et des choses afin de manifester régulièrement l'opinion et les vœux de la majorité des citoyens.

Lorsque nous étudierons la division des pouvoirs et

leurs attributions régulières, nous aurons lieu de compléter encore cet organisme de la liberté politique.

Le sixième principe et le septième n'ont besoin d'aucun développement nouveau.

Les principes que vous venez d'émettre sont-ils réalisés dans les institutions de la France ?

Non, malheureusement. Ces principes sont des tendances nationales certaines, mais ils ne sont pas réalisés dans l'organisme politique de la nation.

Quel est le devoir d'un bon citoyen dans ces conditions imparfaites ?

Le devoir est de donner l'exemple de la soumission aux lois, d'éveiller les idées justes et la conviction dans l'esprit de ses concitoyens et d'employer tous les moyens dont on dispose pour répandre les vrais principes dans les idées, exciter les bons sentiments de la justice, et diriger les actes de chacun vers le plus grand bonheur de tous.

Mais si l'autorité tyrannique établie prend des mesures contre ce bon citoyen pour arrêter jusqu'à l'expression de sa pensée, que doit-il faire ?

Il ne doit en aucun cas transiger avec les devoirs que le sentiment de la justice lui impose. La prudence seule met des bornes à ses tentatives de révolte contre la tyrannie; si son dévouement peut être utile à la cause de la justice, il ne doit pas hésiter à se sacrifier s'il le faut pour avancer d'un pas l'amélioration sociale de son pays.

Quelle est la mesure de révolte permise et commandée même, dans ce cas ?

Il faut se rappeler que la nation a sa responsabilité comme les individus. Le pouvoir tyrannique ou au moins imparfait qu'elle supporte est son œuvre ; aucun citoyen ne peut déplacer la responsabilité nationale et la justice fatale atteindra chacun dans la mesure de la réparation de l'ordre humanitaire.

Par conséquent, il faut laisser à la nation l'accomplissement de son devoir révolutionnaire. Un citoyen ne peut employer que la parole et la presse pour éclairer la nation sur ses vrais intérêts et sur ses justes devoirs. Il doit remplir cette obligation à tout prix, mais il n'en a pas d'autres. Toute voie de fait lui est interdite.

Que dites-vous de l'assassinat politique ?

C'est un acte de violence qui n'a jamais l'excuse du succès, et qui n'est que la manifestation d'un orgueil excessif ou d'une vengeance pure et simple.

L'assassinat d'un tyran ne donne à la nation ni de meilleurs principes ni des tendances plus sages, ni le sentiment du juste et du pratique sans lequel elle ne peut profiter des circonstances favorables.

Qu'est-ce qu'une insurrection ?

On appelle insurrection la révolte à main armée d'un nombre assez considérable de citoyens contre l'ordre établi.

L'insurrection est-elle permise ?

Tout pouvoir qui s'impose par la force et se maintient par la ruse est un pouvoir que la force et la ruse peuvent justement détruire. La nation ainsi gouvernée ne peut être considérée comme libre, elle est en état de guerre. Dès lors un groupe assez nombreux de citoyens peut se considérer comme représentant véritablement la majorité des volontés supposées libres. Plus le groupe est nombreux plus est légitime la révolte. Dans ces conditions l'insurrection peut être légitime et même ordonnée par la justice ; mais il faut 1° que le pouvoir soit véritablement oppressif de la volonté nationale ; 2° que les insurgés veuillent véritablement rendre la liberté à la nation ; 3° que les actes de révolte soient strictement bornés à ce que commande le succès de l'insurrection.

Je croyais que toute révolution n'était légitime que si elle était pacifique ?

Lorsque le pouvoir est véritablement une délégation librement consentie par la nation, que ce pouvoir respecte les libres volontés de la souveraineté nationale, qu'il n'est enfin que l'exécuteur des lois librement instituées par le pays, le progrès rend encore nécessaire des révolutions successives, mais alors ces révolutions doivent et peuvent s'exécuter pacifiquement. Sous un pareil gouvernement toute révolte à main armée est un crime.

Le progrès des idées, des mœurs et des volontés peut être beaucoup plus grand dans une province que dans les autres, cette province plus

civilisée est gênée par le reste du pays dans la juste expansion de sa liberté, a-t-elle, dès lors, le droit de se séparer du reste de la nation ?

L'état de guerre permanent légué historiquement aux nations a rendu nécessaire pour elles de se constituer en nations très-nombreuses et uniformément soumises à l'organisation politique de la force : de là sont nées les grandes agglomérations politiques. La vie commune, l'échange des services, les liens de solidarité qui résultent de l'état social ont établi entre tous les citoyens et entre toutes les provinces du même Etat des rapports communs de justice et de responsabilité. Dès lors que cette vie commune a assez duré pour fonder l'union sociale, la solidarité du but national à atteindre empêche une province d'avoir le droit de se séparer des autres. D'ailleurs, dans un état politique bien ordonné, chaque groupe aussi bien que chaque individu doit trouver dans le groupe supérieur non pas des bornes à l'expansion de sa liberté et de ses progrès, mais, au contraire, des garanties et des secours. L'égoïsme d'une province ne serait ni plus sage en vérité, ni plus juste que l'égoïsme d'un particulier, et il n'aurait pas plus de succès véritable ; or, la séparation indiquée serait un acte d'égoïsme.

SÉPARATION DES POUVOIRS

EXERCICE DES POUVOIRS, DEVOIRS GÉNÉRAUX QUI EN RÉSULTENT

Qu'est-ce qu'on appelle Pouvoirs politiques ?

On appelle ainsi les formes de l'autorité, constitutives de l'ordre politique dans un Etat.

Combien y a-t-il de pouvoirs nécessaires dans un Etat ?

Il n'y a véritablement qu'une seule puissance naturelle et absolue dans l'Etat : c'est la puissance souveraine du peuple. Mais ne pouvant exercer lui-même avantageusement son pouvoir dans toutes ses applications nécessaires, le peuple délègue sa puissance naturelle à des pouvoirs subordonnés qui restent toujours sous sa dépendance. De là, deux sortes de pouvoirs politiques : le pouvoir souverain et les pouvoirs délégués, qui sont au nombre de cinq, savoir : le pouvoir conservateur, le pouvoir judiciaire, le pouvoir législatif, le pouvoir administratif, la force publique.

Chapitre Ier

DU SOUVERAIN

Qu'est-ce que le pouvoir souverain ?

Le pouvoir souverain est la nation tout entière, considérée comme union de toutes les volontés libres historiquement établie, et volontairement maintenue.

Le souverain suppose un sujet ; quel est le sujet sur lequel s'exerce le pouvoir souverain de la nation ?

La souveraineté nationale s'exerce sur les institutions de l'Etat que la nation crée et maintient ; sur les pouvoirs organiques partiels dont elle détermine les attributions, dont elle nomme les agents et dont elle surveille les actes ; sur les actes publics des particuliers qu'elle discute et soumet au tribunal de l'opinion ou bien à des tribunaux réguliers, quand ces actes sont soumis à la loi.

Ces attributions du pouvoir souverain aboutissent à une certaine autorité sur les citoyens ; ces citoyens font partie de la souveraineté nationale ; le sujet et le souverain se confondent ; n'est-ce pas là un illogisme choquant ?

Que le souverain soit son sujet identiquement et *vice versa*, ce n'est pas là un illogisme, mais au contraire le type de l'ordre par la liberté. Chaque individu est souverain et sujet de lui-même, à des aspects différents. Chez lui, l'idéal de justice appliqué par la raison exerce le souverain contrôle sur les circonstances, les mobiles, les motifs et le but proposé de chacune de ses actions ; il décide la production des actes, et toutes les puissances nerveuses et musculaires exécutent exactement les desseins arrêtés par la conscience. C'est là le type de la souveraine liberté, qui n'obéit qu'à elle-même. De telle façon que, dans une société politique parfaite, on retrouverait la même identité dans l'autorité qui ordonne et dans le sujet qui obéit, et chaque citoyen exécutant ce qu'il croit juste et qu'il ordonne en cette qualité, il jouirait dans l'État de la suprême liberté, qui ne se voit que dans la conscience du juste.

La souveraineté nationale serait légitime s'il y

avait unanimité des volontés ; mais cette unanimité n'existe jamais ; la Souveraineté ne peut donc être légitime ?

La souveraineté nationale s'exercerait d'une façon parfaite si toutes les volontés se réunissaient dans un même acte ; mais de ce que cette unanimité n'existe pas, il ne s'ensuit pas que la souveraineté nationale ne puisse rester légitime. La majorité elle-même des volontés libres exerce pratiquement l'autorité souveraine d'une façon légitime. La minorité seule est véritablement opprimée ; mais elle accepte cette oppression, dans l'intérêt de l'ordre, et elle garde tous les droits nécessaires pour amener les volontés à son opinion et devenir à son tour la majorité.

Quel est le mode général d'exercice de la Souveraineté ?

Lorsque les sociétés sont assez peu nombreuses pour que tous les membres puissent se réunir à la portée de la voix humaine, la voix de chacun tour à tour exprimée est le mode général que peut employer l'autorité souveraine. Les propositions et la délibération peuvent se faire également par le même procédé. Mais pour une société aussi nombreuse et disséminée que la France, le procédé antique est impraticable. Les réunions partielles de citoyens et la presse sont les moyens de délibération. Le vote lui-même se fait par écrit et par gradation, de manière à proportionner les actes des citoyens à leurs capacités.

Qu'entendez-vous par proportionner les votes

aux capacités des citoyens et par la gradation des votes?

Dans une société restreinte, les conditions organiques de la vie sociale et des actes souverains qu'elle met en délibération sont très-simples et peuvent être à la portée de chacun des membres de la société. Mais, dans une grande nation qui a subi toutes les transformations d'une civilisation ancienne et qui a mis en exercice un si grand nombre de puissances sociales et de rapports de civilisation, il n'est plus possible que chaque citoyen, quel qu'il soit, ait les connaissances nécessaires pour juger les besoins, les droits et les intérêts à tous leurs aspects sociaux. D'un autre côté, cependant, chaque citoyen représente une unité sociale ayant besoins, droits et intérêts. Devant cette difficulté pratique, on a pris un biais qui consiste : 1° à donner à tous pleine et entière liberté d'exposition, de défense et de délibération, soit dans des réunions publiques ou privées, soit dans la presse ; 2° à déléguer les pouvoirs souverains pour un exercice restreint, à des représentants connus, discutés, appréciés et soumis à des conditions déterminées. La délibération et le vote sont au moins à deux degrés.

Est-ce que le Peuple ne peut pas exprimer sa volonté directement aussi bien que par des délégués ; en d'autres termes, les Plébiscites ne seraient-ils pas le procédé légitime d'exercice de la Souveraineté nationale?

Assurément, le vote direct est possible et n'exigerait qu'une forme simple des propositions à soumettre à la nation. Ce n'est pas seulement une difficulté pratique de vote qui fait que l'on doit repoussser les plébiscites. Mais le vote doit être l'expression sage et libre de la solution d'une question pleine de difficultés, et dont les rapports s'enchaînent avec une multitude de questions résolues ou à résoudre. Toutes les questions politiques et sociales sont de cet ordre; par conséquent, la délibération préalable est importante et difficile, et cette difficulté est insurmontable pour la plus grande partie des citoyens. Le plébiscite est forcément un acte imprudent, dès lors, il est illégitime. N'est-il pas injuste, imprudent, contraire à la sécurité, contraire au progrès social que les questions les plus graves et les plus importantes soient résolues par l'ignorance, le préjugé, l'insouciance ou la passion. La science et la moralité sont aussi nécessaires aux actes nationaux qu'aux actes individuels; le plébiscite met à la place de la science et de la moralité, l'ignorance et la passion; c'est un procédé politique condamnable au plus haut point.

A quoi se restreint l'exercice direct et pratique de la Souveraineté pour les citoyens ?

Au droit de suffrage, et par conséquent à tous les moyens nécessaires pour que ce suffrage soit libre et sage.

Qu'entendez-vous par droit de suffrage?

On entend le choix de délégués auxquels on confie l'exercice plus complet d'une autorité légitime qu'on ne peut exercer soi-même directement d'une façon aussi avantageuse.

Qu'entendez-vous par les moyens nécessaires pour que l'exercice du suffrage soit libre et sage?

J'entends la liberté des réunions électorales, la liberté de discussion des candidats, la liberté de délibération et de rédaction pour la formation de cahiers renfermant les volontés et les vœux des citoyens. J'entends la publicité la plus complète et immédiate des actes, des discours et des votes des représentants ou délégués de toutes espèces, le droit d'examen, de critique, de protestation dans les réunions privées ou publiques et dans la presse; le droit de revendication et d'accusation devant l'autorité compétente.

L'acte de délégation donne-t-il au délégué des droits supérieurs aux droits de ceux qui le délèguent et en particulier le droit de limiter ou de restreindre l'exercice libre de la Souveraineté d'examen, de critique, de protestation, de revendication légale et de vote?

Non. Toute atteinte portée par un pouvoir politique quelconque à l'intégrité de l'autorité souveraine de la nation et à la perfection de l'exercice des droits d'examen, de critique, de protestation, de revendication et de vote, est un crime de lèse-nation. Le souverain lui-même ne peut limiter ce droit sans détruire son autorité; ce serait le suicide de la liberté.

Une loi régulièrement votée et qui produirait cet effet sur le droit de suffrage peut-elle être légitimement établie et sanctionnée?

Non. La souveraineté nationale n'existe pas de fait si le droit de suffrage ne s'exerce pas dans les conditions indiquées. La loi supposée serait une usurpation. La souveraineté du peuple est l'autorité supérieure, tous les autres pouvoirs n'en sont que des émanations; nulle autorité ne peut limiter ou restreindre l'autorité suprême du souverain, et cette dernière est inaliénable.

Vous comptez le droit de réunion et la presse comme des moyens essentiels de liberté souveraine; est-ce que vous pensez que ces droits ne peuvent être légitimement limités par les lois?

La loi organise et préserve ces droits au moyen de dispositions restrictives et répressives, aussi bien que tout autre droit. Mais, dans ce cas, les difficultés d'une bonne loi sur les réunions et sur la presse sont excessivement délicates. Il est important que la loi soit aidée par les mœurs. Depuis que la presse périodique est devenue une espèce d'entreprise commerciale, l'espoir du lucre a complétement subordonné la mission civilisatrice de la presse, un journal se fonde pour soutenir un homme, exploiter une erreur, une passion, un goût dépravé, avec plus de succès que pour maintenir les esprits dans les lois de la science, de la justice et de la moralité. Il y a là, en France, une immense plaie à cicatriser, et ce ne serait pas trop des efforts de tous les honnêtes gens pour fonder de bons journaux et les répandre partout.

Quel est le type de Justice d'un acte souverain ?

Unanimité des intelligences dans la connaissance absolue du but social à accomplir et des moyens à employer, certitude universelle par ce but atteint, d'exécuter le bien et de fonder, par la liberté, l'ordre dans l'Etat, le bonheur de la nation et son progrès dans l'humanité ; unanimité des volontés ainsi déterminées : tel serait le type de justice d'un acte souverain. Nous savons que ce type ne se réalise jamais dans sa perfection.

Dans quelles conditions la Souveraineté du peuple est-elle sagement et réellement en exercice ?

La souveraineté du peuple s'exerce sagement et réellement lorsque les conditions suivantes sont remplies :

1° Quand toutes les institutions accumulées par le progrès des âges sont acceptées volontairement et respectées par l'unanimité ou la plus grande majorité des citoyens ;

2° Quand les citoyens ont assez de science, de sagesse et de rectitude de volonté pour apprécier leurs besoins, leurs intérêts et leurs charges légitimes, et qu'ils ont assez de sens pour ne déléguer l'exercice de leurs droits qu'à des représentants probes, habiles et fidèles ;

3° Quand la nation soumet tous ses délégués à un mandat délimité ;

4° Quand chaque citoyen, et à plus forte raison des groupes nombreux, ont les moyens légaux de connaître les actes de leurs délégués, d'en examiner et contrôler la légitimité, et de résister aux erreurs ou aux injustices des pouvoirs jusqu'à la réparation du mal accompli.

5° Quand, enfin, la nation organisée peut changer et modifier ses institutions et ses lois sitôt qu'elle le trouve juste et opportun.

Montrez la nécessité de la première condition.

Les institutions sont des volontés nationales permanentes. Il faut qu'elles restent à chaque moment d'accord avec la souveraine volonté de la nation ou bien elles l'opprimeraient et détruiraient sa liberté. Les institutions sont le principal lien de solidarité des générations successives; c'est le fonds commun et premier sur lequel s'appliquent les progrès successifs de la civilisation régulière.

Montrez la nécessité de la seconde condition.

Toute volonté n'est pas bonne et n'est pas digne d'autorité ; la volonté n'est bonne et digne d'autorité que quand elle est réglée par la raison et la justice. Et comme il est matériellement impossible que la nation tout entière soit législateur, juge et exécuteur de la loi, que par conséquent le partage des pouvoirs et la délégation de leur exercice sont de nécessité pratique, il faut que le souverain choisisse des délégués probes, habiles et fidèles.

Quelle est la troisième condition?

Délimiter exactement le rôle des délégués.

Comment cette condition est-elle remplie ?

Presque tous les pouvoirs délégués sont des pouvoirs d'exécution ; ils sont parfaitement délimités par les lois, et, s'il se produit des abus de pouvoir ou des conflits d'attributions, ces abus et ces conflits sont réglés par des tribunaux spéciaux. Les délégués du pouvoir législatif seuls étant nommés pour faire la loi, ont besoin d'être dirigés dans leur conduite par un mandat discuté, déterminé, et plus ou moins impératif. Ce mandat est très-nécessaire pour les Assemblées législatives annuelles, il est à bien plus forte raison impérieusement imposé à une assemblée constituante.

Pourquoi le mandat délimité sous forme de cahier rédigé par les commettants est-il si nécessaire aux députés chargés de la Constitution ?

C'est parce que la Constitution, pour être sage et viable, doit être fournie par les mœurs, les tendances, les volontés et l'esprit de la nation elle-même. Il importe que les systèmes et les opinions personnelles des députés soient toujours et entièrement subordonnés.

Pourquoi pensez-vous qu'il convient d'imposer aux délégués de l'Assemblée législative un mandat délimité ?

Il n'est possible à la nation de se faire bien représenter dans la confection des lois qu'en faisant connaître exactement ses volontés, ses vœux, ses besoins, ses intérêts et ses charges. Il est imprudent de s'en rapporter pour cela à un mandataire, sans lui déterminer aussi exactement que possible son mandat. Les cahiers de 89 ont valu à la France ses meilleurs progrès. Elle est tombée dans les violences et dans la réaction sitôt que le mandat législatif fut abandonné à la conscience des députés. Les cahiers mettent réellement le pays à la tête de ses affaires. Ils peuvent n'être impératifs que sur certains points et demeurer des conseils sur le reste. Un mandataire législateur doit être choisi pour son talent dans la défense des volontés nationales. Ce rôle personnel est bien assez important.

Montrez la nécessité de la quatrième condition ?

Si les citoyens appelés à faire une délégation en commun de leur autorité naturelle ne pouvaient se communiquer leurs pensées au sujet du délégué à choisir, ils en seraient réduits à leurs moyens d'information respective, et ils risqueraient de ne pas s'entendre ou de faire un mauvais choix. Si, d'ailleurs, ils n'avaient pas les moyens de contrôler les actes de leurs représentants, de les rectifier, d'y résister, et d'en réparer les résultats, leurs droits réels seraient compromis au détriment de la liberté et des progrès de la nation.

Montrez la nécessité de la cinquième condition ?

Si la nation ne pouvait, par un moyen régulier, modifier ses institutions, la souveraineté du peuple serait engagée à jamais dans l'état conforme à un moment accidentel de sa volonté, ou bien, pour faire la moindre modification jugée nécessaire, elle serait obligée de procéder par une révolution irrégulière et violente.

Est-ce que tout pouvoir naturel du souverain doit être nécessairement délégué ?

Au contraire. Chaque citoyen ne doit déléguer de ses pouvoirs souverains que ce qu'il ne peut sagement exercer lui-même. La délégation de tout ordre ne comprend que les pouvoirs souverains d'une portée assez générale. Tous les actes de liberté et de puissance sociale que le citoyen peut exercer directement, lui restent exclusivement attribués comme apanage de liberté personnelle. Les institutions doivent préserver de toute atteinte ce domaine de la liberté individuelle.

Est-ce que l'ordre social ne serait pas plus complet et plus assuré si les institutions et les lois réglaient jusqu'aux actes que vous abandonnez à la liberté individuelle ?

On obtiendrait ainsi, en effet, un ordre plus complet. Mais cet ordre serait oppressif, il détruirait la valeur personnelle des citoyens, il les conformerait mécaniquement sur un même plan ; il détruirait l'initiative, la variété et la responsabilité des citoyens, et nuirait ainsi au rôle humanitaire de chacun, et par conséquent au progrès national.

Quand les institutions et les lois sont régulièrement établies, elles sont les volontés de la nation ; la régularisation des actes personnels

par la loi ne serait donc que la volonté véritable des citoyens et comme telle une œuvre de liberté ?

Si la perfection des lois était possible, et si l'unanimité des volontés était parfaitement d'accord pour les instituer, la loi ne serait pas oppressive de la liberté individuelle, même quand elle règlerait, jusqu'aux détails, tous les actes personnels des individus. Mais cette perfection et cette unanimité ne sont que des fictions idéales, il y a toujours mieux à établir que les institutions dans leur forme actuelle, mieux à décider que les lois en vigueur, mieux à trouver que les délégués ou les agents que la société emploie ; il y a toujours une minorité qui est plus sage que la moyenne des volontés qui constituent les majorités ; et, dans cette minorité plus sage, il y a des individus, supérieurs à leur temps, qui voient mieux le juste, qui ont de meilleurs sentiments pour le vouloir et plus de sagesse pour l'exécuter. Ces individus et ces minorités plus sages sont les initiateurs du progrès social et, si la loi imparfaite leur ôtait toute liberté d'action individuelle, cette loi les déprimerait, les diminuerait ; elle éteindrait en eux la lumière qui conduit la société en avant, et, en eux, la justice serait lésée et opprimée au détriment de la nation tout entière. Il existe aussi un grand nombre d'actes indifférents pour l'intérêt général, il serait inutilement oppressif de ne pas abandonner ces actes à la liberté individuelle.

Quels sont les devoirs de chaque citoyen considéré comme souverain ?

Il doit, en toute circonstance, se proposer d'harmoniser son intérêt particulier avec l'intérêt général, et considérer comme mal tout acte qui peut léser l'intérêt général. Il doit appliquer son esprit à l'étude des institutions pour en connaître et en apprécier la légitimité, de telle façon que sa soumission à la loi soit véritablement soumission à sa raison. Il doit étudier avec soin les hommes auxquels il délègue l'exercice des droits communs, de façon à empêcher les abus, l'exploitation et l'oppression. Il doit exercer ses droits souverains dans toute leur étendue et avec tout le soin dont il est capable, afin de n'être pas une cause de souffrances et de difficultés pour son pays. Enfin, il doit appliquer toutes ses forces au progrès et à l'amélioration générale, et quand il croit être plus sage que la majorité de ses concitoyens, se soumettre à la loi en luttant, selon ses droits, pour améliorer les institutions et les lois dont il reconnaît les imperfections.

Que dites-vous d'un citoyen qui refuse systématiquement d'étudier la politique de son pays ?

Qu'il manque à son principal devoir social et qu'il est indigne d'appartenir à une société bien organisée ; enfin, qu'il mérite toutes les formes d'oppression de sa liberté.

Que dites-vous d'un citoyen qui néglige de remplir ses droits de suffrage ?

Qu'il se retranche volontairement du corps politique

de son pays, qu'il risque de laisser périmer ses droits, de laisser opprimer sa liberté, de laisser multiplier ses charges, mépriser ses besoins et léser ses intérêts aussi bien que les intérêts généraux du pays.

Quel est le devoir d'un citoyen qui appartient à la minorité ?

Il doit se soumettre complétement à la majorité ; mais en même temps il doit faire tout ce qui lui est permis et possible pour amener ses concitoyens à l'opinion qu'il croit juste.

Quel est le devoir d'un citoyen qui appartient à la majorité ?

Il doit respecter et protéger tous les actes préservateurs de la minorité, dans les bornes du respect de la loi et de l'ordre social.

Un citoyen peut-il perdre son droit de souveraineté dans l'Etat ?

Oui, les lois peuvent légitimement priver tout citoyen de ses droits souverains. La mendicité, les vœux d'obéissance, les condamnations judiciaires, l'ivrognerie, l'ignorance absolue sont dignes de privation des droits civiques.

Quels sont les devoirs des citoyens envers la Loi ?

C'est la soumission, sauf le droit de critique, de réclamation, de revendication qui reste acquis à tous les citoyens par droit supérieur à la loi.

Quels sont les devoirs des citoyens envers les agents du Pouvoir?

Le respect sans platitude et l'obéissance sans oubli de ses droits ou des droits de ses concitoyens.

Quels sont les devoirs des citoyens dans les actes qui restent en dehors de la loi?

Leur devoir est de respecter la justice et la loi morale.

Dans tout ce qui a trait aux droits et aux actes du souverain, vous ne parlez pas de la femme. Cependant la femme est aussi une liberté au même titre que l'homme, quel est son rôle politique?

La femme mariée est une liberté assurément, et comme telle un membre responsable de la société, mais elle ne peut être revêtue d'un pouvoir politique, soit de suffrage, soit de délégation. En effet, l'institution naturelle et légale du mariage la subordonne à son mari. Le mari suffit pour représenter les intérêts et les besoins, et pour remplir les charges de la famille entière dans l'organisme politique. D'ailleurs, la nature même de l'organisation sexuelle de la femme, lui donne des besoins, des sujétions et des sentiments qui ne peuvent que difficilement s'accorder avec l'exercice d'un pouvoir politique. Comme compagne de l'homme, elle peut exercer le pouvoir de conseil sur son mari ; en ce sens, elle agit véritablement sur les pouvoirs politiques, mais la subordination nécessaire de l'épouse dans les droits et les devoirs de famille restreint les actes de liberté de la femme à ce domaine tout intérieur qui n'entre pas dans la politique.

Dans l'ordre civil, la femme non mariée, veuve, divorcée ou séparée, est obligée d'obéir à presque toutes les lois; elle paie l'impôt, elle est propriétaire, elle peut être chef d'industrie et de commerce; même mariée, elle a un grand rôle d'Education, d'Instruction et de Justice; est-ce que cette situation indépendante ou si importante dans la famille ne peut la mettre au rang des citoyens comme élément politique?

La justice exige que la femme dans ces conditions exerce les pouvoirs civils et politiques conservateurs ou modificateurs qui résultent des intérêts qu'elle possède et des charges dont elle s'acquitte. Les institutions devraient permettre que les droits qui en résultent pour la femme puissent être exercés directement par elle ou par un fondé de pouvoir spécial.

CHAPITRE II.

POUVOIRS DÉLÉGUÉS

ART. 1er

POUVOIR CONSERVATEUR

Après le pouvoir souverain, quel est le pouvoir le plus élevé dans l'ordre hiérarchique ?

C'est le pouvoir conservateur.

Quel est le caractère particulier de ce pouvoir et montrez-en la dignité et l'importance?

Une nation ne peut accomplir son rôle et sa destinée humanitaire sans une fixité suffisante dans ses institutions, dans ses lois et dans ses mœurs. Cette fixité est ce qui lui donne son caractère national, son identité et par conséquent sa personnalité persévérante. Ce qui assure à la nation cette fixité, c'est un pouvoir permanent, conservateur, qui soit la représentation vivante et vraie de la nation à chaque moment de sa durée. Le progrès n'est pas un changement de totalité à chaque instant produit. Le progrès a pour base le bien et l'ordre réalisés et éprouvés ; il n'est qu'un appoint surajouté à la masse préalablement acquise. Un pouvoir conservateur doit maintenir intact l'ordre social réalisé, il n'y a pas de pouvoir secondaire plus digne dans ses attributions, plus élevé dans son rôle, plus important dans sa conduite.

Quel nom donnez-vous au corps des citoyens chargés du pouvoir conservateur?

C'est le corps sénatorial.

Le pouvoir conservateur dont vous parlez est-il établi en France?

Non, le pouvoir institué par l'Empire sous le nom de Sénat n'était qu'une falsification et un leurre. Pour qu'un Sénat soit la représentation du souverain, il faut qu'il soit une émanation de la liberté des citoyens, qu'il ne dépende que du souverain véritable, c'est-à-dire de la nation et qu'il en soit la représentation vivante et naturelle.

Comment proposeriez-vous de recruter le corps sénatorial?

Je proposerais que le titre de membre du corps sénatorial fût acquis de droit à tout homme de bien qui aurait sous les yeux de ses concitoyens, prouvé son mérite, son caractère et son intelligence dans des positions sociales définies par la loi organique.

Quelles sont les charges publiques ou les positions sociales qui pourraient conduire au corps sénatorial?

Ce sont les charges de justice, de police, de législation, d'administration et d'instruction publique données par le suffrage libre des citoyens un certain nombre de fois déterminé par la loi organique. Ce sont encore les services rendus au pays dans les sociétés scientifiques ou de bienfaisance, dans la médecine, dans l'industrie, dans l'agriculture, la marine et la guerre, etc., services consacrés par des titres légitimement et régulièrement obtenus du suffrage des concitoyens aptes à en juger.

Comment divisez-vous l'étude du pouvoir conservateur?

Dans un premier article, nous étudierons le corps sénatorial non actif; dans un second, les sénateurs cantonaux actifs; enfin le Sénat exécutif central. Ces trois groupes réunis constituent le pouvoir conservateur, une aristocratie du mérite personnel, ce que j'appelle le corps sénatorial.

CORPS SÉNATORIAL NON ACTIF

Quelles sont les attributions du corps sénatorial non actif?

Il n'a point d'attributions actives, il est l'aristocratie nationale, il est la pépinière exclusive où se recrutent les Sénateurs actifs.

Est-ce que tous les postes actifs de sénateurs peuvent être donnés indifféremment par le suffrage national à tous les membres divers du corps sénatorial?

La loi établit les capacités spéciales pour les rôles différents auxquels sont appelés les sénateurs actifs ; ces capacités sont établies par le rôle social qui a été rempli par chacun d'eux, ou par des épreuves probatoires imposées en temps et lieu.

Borner ainsi les suffrages pour les élections des sénateurs, n'est-ce pas restreindre désavantageusement le droit d'élection du souverain?

. L'institution du corps sénatorial étant l'œuvre du souverain, cette institution ne diminue pas son droit d'élection. Par cette institution, le souverain préserve sa sagesse même et assure de bons choix.

Ne constituez-vous pas une aristocratie contraire à l'égalité des citoyens ?

Je constitue, en effet, dans le corps sénatorial, une véritable aristocratie, mais une aristocratie non héréditaire, et basée sur le mérite personnel. Une telle aristocratie rend au pays tous les services de stabilité et de sagesse que peuvent rendre l'aristocratie nobiliaire ou l'aristocratie militaire sans avoir les dangers de l'une ou de l'autre. Elle n'est pas contraire à l'égalité devant la loi, la seule qui doive être socialement établie. Elle est subordonnée au souverain et, dans chacun de ses membres, soumise à la loi commune ; enfin elle ne constitue pas de titres héréditaires ; cette aristocratie n'est donc la source d'aucun privilège blessant. Comme tous les citoyens, par leur mérite reconnu, peuvent arriver au corps sénatorial, cette aristocratie devient un moyen d'émulation pour tout le monde au bénéfice de la nation.

Quelle récompense et quel prestige accordez-vous aux membres du corps sénatorial ?

Les privilèges qui leur sont accordés sont dans leurs droits exclusifs aux postes de services les plus honorables et les plus utiles à la société. Ils sont dans la proclamation publique de leur dignité et dans le droit exclusif d'être portés sur les tableaux sénatoriaux dans chaque canton.

Comment ce premier groupe de citoyens, appartenant au corps sénatorial, remplissent-ils leur rôle conservateur ?

Ils le remplissent par leur exemple, par les honneurs

qui leur sont accordés, et par l'attachement inébranlable qu'ils éprouvent pour le pays qui les a appelés à ces honneurs.

Serait-il bon que tous les membres du corps sénatorial eussent une marque publique de leur distinction?

Une marque publique de la distinction sénatoriale serait en même temps un moyen de se respecter et de se faire respecter plus sûrement.

SÉNATEURS ACTIFS

Comment se divisent les sénateurs actifs?

Les sénateurs actifs constituent deux groupes de membres en exercice : les uns siégent en corps actif dans la Capitale; les autres sont en activité dans tous les cantons de la province.

DES SÉNATEURS PROVINCIAUX ACTIFS

Quelles sont les attributions générales des sénateurs provinciaux actifs?

Les sénateurs provinciaux actifs sont chargés de la justice locale, de la police locale et de toutes les fonctions supérieures que la Province délègue directement selon la loi organique.

Le Sénat provincial actif a-t-il une fonction comme corps particulier?

Non. Il n'existe pas comme corps à proprement parler; les sénateurs provinciaux n'ont que des fonctions individuelles à exercer.

Quelles sont les fonctions particulières des sénateurs actifs de la province?

Les sénateurs cantonaux sont les protecteurs de la liberté et des droits des concitoyens. Toute ouverture de procès exige leur autorisation. Aucune arrestation ne se fait que par leurs ordres. Ils sont exclusivement chargés de la police dans chaque canton. La force publique locale leur obéit. Les présidents des tribunaux, les juges d'instruction, les suppléants des sénateurs en activité, les membres des jurys d'instruction ou de jugement définitif dans les causes criminelles ou politiques sont des sénateurs.

Les juges de paix sont aussi des sénateurs. Certains postes d'administration et d'enseignement leur sont réservés, comme les places de gouverneur de province, de maire de grandes villes, de président de comice agricole, etc.

Les ingénieurs en chef, les présidents et secrétaires généraux des tribunaux administratifs, les procureurs généraux des cours d'appel, les membres de la cour de cassation, les présidents de section du conseil d'Etat, etc., sont élus parmi les sénateurs provinciaux.

Comment sont nommés les sénateurs provinciaux en activité?

Les juges cantonaux, les protecteurs cantonaux chargés de la police cantonale, les présidents des tribunaux de 1re instance, les maires sénateurs sont nommés par le suffrage direct des citoyens de la juridiction spéciale. Les présidents d'appel, les procureurs généraux, les présidents et secrétaires généraux des tribunaux administratifs sont nommés par les juges, les membres du barreau et les huissiers de la juridiction. Les membres de la cour de cassation sont nommés par les juges sénateurs de la France entière. Les présidents de section du conseil d'Etat sont nommés par les conseillers et juges des tribunaux administratifs inférieurs.

Pour combien de temps sont nommés les sénateurs actifs provinciaux?

Cela est subordonné au rôle qui leur est dévolu et varie ainsi avec le service dont ils sont chargés.

SÉNAT EXÉCUTIF CENTRAL

Quelles sont les fonctions du sénat central ?

Le sénat central examine les lois nouvelles au point de vue conservateur de la constitution, des institutions et des lois existantes. Il fait ensuite exécuter toutes les lois et les règlements d'administration publique, enfin il réguralise le progrès par la révolution pacifique.

Par quels moyens s'exécute cette révolution pacifique?

Si les lois nouvelles votées par le corps législatif sont trouvées opportunes par le sénat et en parfait accord avec les lois préexistantes, le sénat les promulgue et les fait exécuter. Si elles sont trouvées par lui inopportunes ou lésives des institutions et des lois établies, il émet son avis motivé et réclame un nouvel examen du pouvoir législatif. Après une seconde délibération du corps législatif, la loi est maintenue ou rejetée. Si elle est maintenue ainsi que le verdict du sénat, l'assemblée législative est dissoute de plein droit et de nouvelles élections législatives ont immédiatement lieu. Si la nouvelle chambre législative maintient la loi rejetée par le sénat, celui-ci à son tour subit de nouvelles élections et alors le nouveau sénat, en acceptant la loi en litige, fait subir aux autres lois et aux institutions les changements imposés par la loi nouvelle.

Quels sont les avantages de cette organisation?

Les avantages sont immenses ; d'un côté, le maintien des institutions et des lois se fait par une surveillance assidue d'hommes spéciaux appelés par toute leur vie à les pratiquer au milieu de la nation ; d'un autre côté, le corps législatif représentant l'élément jeune, mobile, initiateur de la nation, garde les moyens de faire pénétrer dans l'organisme national les modifications suscitées par les idées nouvelles ; entre les deux, la nation éclairée par toutes les conditions de sa libre souveraineté, s'interpose deux fois pour ou contre le législatif, pour ou contre le sénat. Les débats ont été publics et contradictoires, la réflexion et la maturité des résolutions ont été assurées, et c'est véritablement la nation dans tous ses éléments constitutifs qui a décidé la question en litige. C'est bien là l'organisation de la révolution pacifique si nécessaire en même temps à la stabilité et au progrès de la nation dans la civilisation. En tous cas, cette possibilité pratique de la révolution garde ainsi assez de difficultés pour qu'elle ne puisse être ni imprudente ni trop fréquente. Le rôle conservateur du sénat et de la nation est bien le plus facile et le plus libre. Le rôle initiateur et modificateur rencontre toutes les difficultés : 1° l'accord de la majorité législative, 2° sa ténacité en face de son intérêt particulier menacé par le fait de sa dissolution, 3° l'assentiment national donné une première fois par la réélection de la majorité législative, 4° l'accord nouveau du corps législatif. Toutes ces conditions garantissent la sagesse des mouvements progressifs de la nation. Dans de telles conditions, les révoltes et les insurrections à main armée n'ont aucun prétexte. L'orgueil et l'impatience des partis peuvent seuls être gênés et c'est justice; la force publique est autorisée à les réfréner.

Quelles sont les attributions du sénat vis-à-vis des autres pouvoirs de la nation?

Le sénat est l'expression vivante de la souveraineté nationale non pas seulement dans sa volonté actuelle et dans ses intérêts du moment, mais dans tous ses actes libres antérieurs et dans tous les intérêts du présent et de l'avenir, préparés et consacrés par tous les actes du passé. Il est le moyen permanent par lequel la nation garde son caractère, son identité persévérante et sa responsabilité personnelle, résultats généraux de son histoire et de sa vie dans l'humanité : comme tel, il est le représentant légitime de la nation vis-à-vis des nations étrangères.

Vis-à-vis du corps législatif, le sénat est un modérateur et un contrôleur; il oblige le progrès à marcher avec sagesse et sans turbulence; il empêche la loi d'être une surprise d'éloquence; il solidarise les actes du corps législatif dans l'assentiment exprès de la nation. Il fait de la loi un acte national. Vis-à-vis des autres pouvoirs, il a toute l'autorité du commandement et de la surveillance; ainsi, après avoir promulgué les lois, il en poursuit l'exécution jusque dans les détails; la force publique lui obéit partout, enfin, les décrets provinciaux ou les arrêtés municipaux des grands centres ne sont exécutoires qu'après visa du sénat.

Quels sont les pouvoirs secondaires de l'Etat que le sénat exerce directement?

Ce sont tous les pouvoirs ministériels d'intérêt général. Les pouvoirs d'intérêt particulier sont réservés au souverain, qui les exerce directement ou qui les délègue mais en dehors du sénat; ce dernier n'est appelé à en connaître que pour s'assurer que les actes des délégations administratives locales ne sont pas contraires aux institutions et aux lois et pour les rendre exécutoires.

Quel est son rôle en temps de guerre?

Il prend tous les pouvoirs intérieurs de l'Etat et nomme les chefs militaires comme exécuteurs de ses ordres, il peut nommer un dictateur militaire, et dans ce dernier cas, il légalise les actes de ce dictateur. C'est au sénat que l'armée prête serment; tout sénateur est inviolable, et s'il est porteur d'un sénatus-consulte exprès, il peut déposer tous les chefs militaires et requérir directement obéissance de l'armée.

Vous ne parlez pas des cultes; les faites-vous rentrer dans les attributions du sénat?

Le pouvoir politique ne reconnaît qu'un lien organique entre les citoyens et entre les nations, ce lien est la justice. La justice seule est nécessaire et suffit. Tous les cultes qui respectent la justice sont libres, mais ils restent des manifestations abandonnées à la conscience de chacun et à la libre association des adhérents d'une même foi religieuse. Les fidèles et les dignitaires des cultes sont soumis au droit commun. Les dignités cultuelles ne sont pas au sénat un titre ni un empêchement.

Quelles sont les conditions de Justice des actes du Sénat ?

A l'intérieur, les conditions de justice des actes du sénat sont le respect des institutions dans les rapports permanents, le respect des lois dans les rapports variables, enfin le respect de la liberté dans le domaine souverain de chaque citoyen. A l'extérieur, la loi de justice des actes du sénat c'est la préservation des intérêts nationaux et le respect des intérêts légitimes des autres peuples. La Justice internationale est l'accord des intérêts légitimes des nations dans la liberté réciproque, dans le respect mutuel des traités et dans la préservation des lois nationales respectives.

Si le Sénat constate une lacune dans les lois, une erreur dans la législation établie, quel est son rôle ?

Il doit proposer une loi plus complète ou les modifications aux lois qui lui paraissent nécessaires. Le corps législatif en délibère, et si la loi nouvelle répond à ses appréciations, elle devient obligatoire pour le pays par la sanction donnée et la promulgation faite par le sénat.

Quel est le rôle du Sénat au sujet des lois nouvelles votées par le corps législatif ?

Il s'assure que la loi est juste en elle-même ; qu'elle entre dans le concert des institutions et des lois du pays sans en infirmer ou contredire aucune ; il juge si elle est nécessaire ou même seulement opportune, et dès lors il donne son autorité à la loi en la promulguant. Si la loi nouvelle lui paraît inopportune, inutile, contradictoire, avec les institutions et les lois établies ; il refuse sa sanction et renvoie la loi au corps législatif, qui en délibère de nouveau et l'abandonne. Si le corps législatif persévère, la nation s'interpose, comme nous l'avons expliqué, par des élections nouvelles.

Le Sénat a-t-il seul l'initiative des lois ?

Le corps législatif a aussi ce droit d'initiative. Il appartient même à tout citoyen par son action sur l'opinion ou par le droit de pétition soit au corps législatif soit au sénat.

Comment le souverain peut-il se garantir contre l'oppresion par le Sénat ?

Le sénat a une existence temporaire. Ses débats sont publics. En cas de conflit avec le corps législatif, il doit subir l'épreuve d'élections nouvelles.

Si le Sénat est lui-même changeant selon les caprices de l'opinion, son pouvoir conservateur n'est-il pas atteint ?

Contre les surprises et les entraînements de l'opinion, il y a la nécessité pour les élections de prendre les membres du sénat dans un corps conservateur par excellence et supérieur même aux caprices de l'opinion. En tous cas, la crise est résolue par la nation dans sa liberté. L'erreur possible est l'erreur de la majorité. La responsabilité, en frappant la nation, l'oblige à se réparer elle-même : c'est la loi et la sanction de la justice.

Les relations avec les autres nations n'exigent-elles pas une suite d'idées dans la conduite et des procédés de discrétion qui sont incompatibles avec le Sénat ?

La diplomatie monarchique basée sur la force procédait par l'intrigue, la ruse et la dissimulation ; elle ne recevait de direction que de l'intérêt exclusif de la nation. Si l'on voulait donner le nom de diplomatie aux procédés des animaux féroces dans leurs relations entre eux, on y trouverait la même base, les mêmes moyens et le même mobile. Mais dans un gouvernement basé sur la justice et le droit, le mobile des actions des agents n'est pas l'intérêt exclusif de la nation, mais l'intérêt commun des nations et les procédés d'action sont la publicité et la vérité loyale et entière.

Cette organisation du Sénat comme corps d'élite permanent dans la nation et l'économie de ses attributions pacifiques pourraient convenir si les autres nations cessaient de s'appuyer sur la force dans leur conduite ; mais, avec la civilisation donnée des autres nations, la conduite du Sénat ne rendrait-elle pas facilement la nation dupe des intrigues et de la violence ?

De pareilles institutions ne peuvent être tentées qu'avec un traité d'alliance offensive et défensive avec les autres nations amies et pacifiques; elle ne peuvent être tentées que dans une nation assez puissante pour intimider un voisin de mauvaise volonté.

Pendant un temps encore, la force militaire devra être maintenue et toujours parfaitement organisée. Mais il est possible que le témoignage public de stabilité et de justice donné par la nation, le bon exemple de sa tranquillité et de son bonheur amèneraient des imitateurs et bientôt on pourrait instituer un tribunal international qui jugerait tous les différends, sans qu'il soit jamais permis de recourir à la force militaire, suppléant et remplaçant le droit.

La France est-elle apte à entreprendre cette révolution ?

Depuis 1789, la France tout entière jusque dans les citoyens les moins éclairés a le sentiment de la justice internationale, de la liberté, de la responsabililé personnelle et de l'égalité devant la loi. Après des essais de gouvernement illogiques avec ces principes et toujours malheureux, elle sent le profond besoin de la paix et du progrès dans la civilisation pacifique. Elle cherche un organisme gouvernemental qui soit assez stable pour fonder l'avenir dans le présent et assez mobile pour permettre le progrès sans révolution violente. Elle ne pourrait accepter comme corps conservateur la caste militaire comme la Prusse, la caste propriétaire comme l'Angleterre, et cependant il faut un corps d'élite conservateur disséminé dans toute la nation et respecté par elle. C'est pour créer ce corps d'élite, basé sur le mérite et les services rendus, que je propose la formation du corps sénatorial où se recrutent le sénat exécutif et le sénat provincial. Mieux qu'un gouvernement monarchique héréditaire, le corps sénatorial représenterait la perpétuité et la stabilité de la nation. Il enléverait aux partis toute idée de révolution violente et d'usurpation. Partout le véritable souverain, c'est-à-dire la nation, tiendrait réellement les pouvoirs subordonnés sous sa dépendance, 1° le corps sénatorial, par le choix répété des hommes de mérite et de caractère; 2° le corps législatif, par des élections spéciales; 3° les corps ou agents administratifs par des élections directement faites dans le pays intéressé; 4° le contrôle universel sur les institutions, les lois, et les hommes par la publicité de leurs actes, par la liberté de pétition, par la poursuite devant les tribunaux, enfin par la libre discussion des intérêts publics, soit dans la presse, soit dans des réunions de citoyens assemblés légalement. Le corps sénatorial ainsi constitué et recruté serait encore pour le souverain le meilleur moyen de se préserver lui-même contre ses caprices ou ses innovations imprudentes.

Le corps sénatorial n'existant pas encore dans nos institutions, comment pourrait-il être d'abord recruté?

Il serait sage qu'une assemblée constituante nommée pour établir ou reconnaître nos institutions s'occupât d'abord de déterminer les lois organiques. Ces lois organiques étant déterminées, la nation nommerait directement les premiers membres du corps sénatorial qui seraient appelés à présenter leurs titres aux suffrages de leurs concitoyens. Quand le corps sénatorial serait ainsi nommé ; un nouveau vote nommerait le sénat central et les sénateurs provinciaux et cantonaux. Ceux ci entreraient en fonctions, et une nouvelle assemblée simplement législative voterait chaque année le budget ou les lois modificatrices de la constitution demandées par l'opinion publique.

Comment s'exécutent en pratique les diverses attributions du Sénat ?

Par la division du travail dans des commissions nommées par le sénat lui-même.

Un corps délibérant ne peut exécuter directement lui-même ses résolutions ; ne faut-il pas une volonté unique pour diriger l'exécution ?

Chaque commission a un président ministre nommé par elle et qui régularise en son nom toute l'action de la commission. De même pour les actes qui comportent le concert des volontés de tout le sénat, ils sont dirigés et exécutés par un président premier ministre directement nommé par l'assemblée entière. Le travail matériel peut ensuite être exécuté par des employés qui n'appartiennent pas au sénat.

Comment sont nommés les membres du Sénat exécutif central ?

Par le suffrage universel à deux degrés.

Pour combien de temps le Sénat exécutif est-il nommé?

Il est nommé pour cinq ans. Il est renouvelable par cinquième en temps ordinaire, en totalité, lorsqu'il y a un conflit constitutionnel avec le corps législatif.

Peut-on perdre le titre et les priviléges de Sénateur?

Oui. La loi prévoit les faits de malversation ou d'immoralité soit civile, soit politique, qui seraient passibles de cette dégradation.

Art. 2.

POUVOIR JUDICIAIRE

Quels sont le rang et le rôle du pouvoir judiciaire dans l'Etat?

Le pouvoir judiciaire est, en dignité, le second des pouvoirs délégués de l'Etat. C'est lui qui applique la loi en ce qu'elle prévoit et règle les rapports entre les personnes. Il rend la justice entre les citoyens ou les personnes morales régulièrement constituées, dans les difficultés pratiques qui les divisent ou dans les infractions légales dont ils sont auteurs ou victimes. Après le pouvoir conservateur, il n'en est pas dont l'importance soit plus considérable au point de vue de l'ordre, de la sécurité, du progrès social, de la liberté et du bonheur des citoyens.

Est-ce que le Pouvoir judiciaire n'est pas naturellement une dépendance du Sénat?

Le pouvoir judiciaire, en tant qu'il applique la loi aux faits particuliers, est véritablement chargé d'une partie du pouvoir conservateur et exécutif qui est proprement le domaine du Sénat. Mais comme l'organisation du Sénat, dans sa constitution, dans ses actes et dans ses rapports est une des choses prévues par la loi ; comme, d'un autre côté, le Sénat reste sous la dépendance du souverain et qu'il est de droit naturel que les plaintes des particuliers contre le Sénat ou contre quelqu'un de ses membres soient reçues en justice et jugées avec impartialité, il en résulte que le pouvoir judiciaire doit être une délégation directe et indépendante faite par le souverain. Telle est la véritable raison qui empêche que le pouvoir judiciaire soit une dépendance du Sénat.

Y a-t-il d'autres motifs d'indépendance pour la constitution et le rôle du Pouvoir judiciaire?

Si le Sénat nommait les juges et les autres magistrats, il pourrait les choisir exclusivement au point de vue conservateur et nuirait ainsi au progrès national. Si les juges, en qualité de juges, constituaient une section du Sénat et siégeaient au Sénat, ils feraient les lois qu'ils voudraient appliquer et systématiseraient la loi en dehors des volontés du pays et de l'esprit national. Comme, d'ailleurs, le Sénat est chargé de la police et qu'en cette qualité il poursuit les prévenus, il serait juge et partie s'il était à la fois chargé de la police et chargé de la justice. Il ne faut pas que le pouvoir judiciaire puisse être soupçonné de faiblesse, de connivence, d'ambition, et pour cela il est de toute nécessité qu'il ne dépende d'aucun autre pouvoir délégué, il doit être absolument indépendant et ne relever que du souverain.

Qu'est-ce que l'inamovibilité ?

L'inamovibilité consiste en ce que le juge ne peut être déplacé de son siége sans son consentement et par aucun coup d'autorité. C'était le procédé employé pour sauvegarder l'indépendance des magistrats.

L'inamovibilité est-elle véritablement un moyen efficace d'indépendance pour les juges ?

L'inamovibilité n'est qu'un expédient, et cet expédient est inefficace. Il vaut mieux rester dans la loi naturelle et constituer le corps judiciaire, de telle façon qu'il n'obéisse qu'au souverain. L'inamovibilité est un moyen inefficace d'indépendance ; en effet, les juges inférieurs ont eux-mêmes des désirs de changement, et ils les manifestent au pouvoir dont ils dépendent ; dès lors, celui-ci agit sur les juges, soit en refusant, soit en accordant ; d'un autre côté, tous les juges aspirent à des postes supérieurs, le pouvoir n'appelle à ces postes supérieurs que les juges qui lui ont donné des gages ; il lui est facile, sans souci de l'intérêt national, d'éloigner des postes importants tous les juges dont les idées ou le caractère lui portent ombrage.

Est-il donc si important que les Juges ne dépendent pas du gouvernement?

Le jour où les magistrats se mettent au service du gouvernement, la désaffection et la révolte des citoyens n'attendent plus qu'une occasion : la guerre civile se prépare.

Comment proposeriez-vous que fussent nommés les Juges ?

Je proposerais que tous les juges de premier degré fussent nommés par les citoyens de la circonscription dans laquelle ils doivent rendre la justice, et que les juges des juridictions supérieures fussent nommés par les juges, les avocats, les avoués et les huissiers des juridictions inférieures; les juges d'appel par les juridictions du ressort, les juges de cassation par les juridictions de toute la France ou seulement par tous les membres des tribunaux d'appel.

N'y a-t-il pas à exiger des conditions d'éligibilité?

Oui. La loi organique détermine les conditions d'éligibilité pour les juges : l'âge, la science spéciale et la moralité. La loi organique détermine aussi les conditions d'avancement et la hiérarchie.

Comment subdivise-t-on le Pouvoir judiciaire?

Le pouvoir judiciaire constitue l'ensemble des Tribunaux. On distingue les tribunaux politiques, les tribunaux administratifs, les tribunaux criminels, les tribunaux correctionnels, les tribunaux civils, les tribunaux de commerce et les tribunaux de conciliation.

Pourquoi les tribunaux sont-ils si multipliés ?

Ils sont ainsi multipliés à cause de la diversité des espèces qui exigent des conditions différentes de procédure et des capacités particulières chez les juges. Les aptitudes des juges étant plus strictes, et les conditions de la procédure plus appropriées, il y a plus de certitude dans la bonne intelligence des causes et dans la bonne application du droit.

Pourquoi demandez-vous des tribunaux politiques ?

L'intérêt politique d'une nation est le plus important à sauvegarder, et en même temps le plus délicat à apprécier. La plupart des lois de préservation politique ont une élasticité excessive ; la précision leur manque. Il est difficile d'établir exactement la ligne de démarcation qui existe entre l'opinion libre d'un citoyen et l'opinion qui devient ou une attaque à l'ordre ou une excitation au désordre. D'un autre côté, bien que l'ordre politique soit plus ou moins conventionnel, provisoire et discutable, il importe tellement que les changements, s'il y a lieu, s'exécutent avec maturité et sagesse, et selon la règle de la révolution pacifique, que le pouvoir doit faire respecter la loi sans hésitation et sans faiblesse, tant qu'elle reste la loi. De là naissent les crimes et délits politiques et, du même coup, la nécessité d'un tribunal particulier.

Quel caractère particulier proposeriez-vous pour le tribunal politique?

Je demanderais qu'à cause de la délicatesse de la distinction entre ce qui est permis ou défendu à tel moment donné par la loi politique, les crimes ou délits fussent soumis à l'appréciation d'un jury composé mi-partie de sénateurs, mi-partie de citoyens capables, non sénateurs, et que le verdict du jury fût la base d'application du jugement rendu par les juges.

Quelles sont les attributions particulières des tribunaux administratifs?

Ils règlent les difficultés et les conflits entre les particuliers et les administrations, ou entre les administrations diverses. Tout est spécial dans ces attributions, le droit écrit, les coutumes, les relations, la nature des intérêts engagés, la nature des personnes responsables, etc., etc.

Est-ce une organisation nouvelle que vous proposez?

Les tribunaux administratifs existent depuis longtemps en France, mais, d'une part, ils n'étaient pas suffisamment soumis à l'organisation judiciaire générale, et, d'autre part, ils étaient trop sous la dépendance des pouvoirs. Les rendre indépendants de tout pouvoir particulier, les soumettre exclusivement au souverain et les coordonner dans l'organisme du pouvoir judiciaire ; tel est le but qu'il s'agit d'atteindre. Le conseil d'Etat doit être une section de la cour de cassation et doit n'avoir d'autre attribution que de rendre justice dans les espèces administratives.

Proposez-vous quelques changements à l'organisation des autres tribunaux ?

Rendre la justice plus économique et plus expéditive, changer le mode de nomination des juges, c'est-à-dire les faire nommer dans les tribunaux de premier degré par les citoyens eux-mêmes, et dans les tribunaux supérieurs par les membres des tribunaux de premier degré ; ne faire dépendre l'avancement des juges que de la libre confiance et de la satisfaction des citoyens subordonnés ; enfin, étendre et multiplier la conciliation, tels sont les changements que je voudrais voir apporter à l'organisation des tribunaux et à leur exercice.

Combien y a-t-il aujourd'hui de tribunaux de conciliation ?

Il y en a deux, les tribunaux de paix et les prud'hommes. Ils ont pour fonction principale de régler à l'amiable ou par experts les contestations qui s'élèvent entre les citoyens. Les juges de paix terminent encore arbitralement les procès de police locale et les procès civils d'une minime importance. Les prud'hommes règlent les contestations entre les ouvriers et les patrons, partout où l'industrie l'exige.

Quel est l'avantage des tribunaux de conciliation ?

Ils arrêtent à la source les causes de division entre les

citoyens ou les parents ; ils rappellent à la raison ceux que la passion égare, et ils maintiennent entre les concitoyens les plus rapprochés l'union et les bons rapports si nécessaires à la paix et au bonheur commun.

Comment voudriez-vous que la conciliation fût plus largement pratiquée dans les autres tribunaux?

Je voudrais que pas une cause civile ne fût acceptée au rôle des tribunaux de première instance, avant que les parties, aidées de leurs avoués, n'eussent tenté une conciliation amiable. Dans les procès correctionnels même, je voudrais que la famille ou les amis du prévenu pussent arrêter la cause en réparant le mal accompli et en se portant garants pour le coupable.

Ce changement que vous proposez dans l'administration de la justice, en supprimant le châtiment par la loi, ne détruirait-il pas la justice et la sécurité?

La loi correctionnelle et la loi criminelle ont pris pour principe que la justice est le châtiment du coupable ; je crois ce principe absolument faux et tout plein d'abus. Le principe vrai des lois de répression, c'est la réparation du mal accompli et du coupable lui-même, c'est encore la réparation de l'ordre social altéré et la préservation de cet ordre social pour l'avenir. Quand un acte délictueux ou criminel a été accompli, l'intégrité de l'ordre a été atteinte dans les choses ou dans les hommes, le progrès social en est d'autant altéré ou retardé ; ce qui importe, au point de vue de l'intérêt social, c'est que ce mal accompli soit immédiatement et intégralement réparé. Si le coupable n'est pas un habitué du mal, il acceptera la réparation qui lui sera imposée; il pourra être aidé dans cette réparation par sa famille et par ses amis vis-à-vis desquels il restera obligé ; cet acte de secours l'aidera à se réparer lui-même ; l'ordre social sera rétabli. Si le coupable est un habitué du crime, sa famille et ses amis, s'il en a, en réparant le mal autant que possible, dans l'intérêt commun, abandonneront le coupable dans son endurcissement, et la force publique le déportera dans une colonie pénitentiaire où sa méchanceté sera réduite à l'impuissance.

Est-ce que vous considérez comme juste que la famille ou les amis soient rendus responsables des actes des particuliers ?

L'interposition des amis dans un acte judiciaire, et par conséquent public, en faveur d'un coupable, ne peut être que facultatif, mais mérite d'être introduit dans nos mœurs et acceptée avec honneur dans nos lois. C'est un témoignage volontaire de la solidarité qui unit véritablement les hommes. Quant à l'intervention de la famille, elle est de devoir naturel et devrait être imposée par la loi. La transmission héréditaire de la santé, de la fortune et de l'honneur entraînent réciproquement la participation au déshonneur et aux obligations de l'un des membres de la famille. La disposition d'esprit qui fait les criminels est une dégénérescence organique ou intellectuelle qui résulte en grande partie de la santé des ascendants ou de l'éducation qu'ils ont donnée ; les ascendants sont responsables par la nature et par leurs actes libres dans les actes de leurs enfants ; or, la famille est le représentant perpétuel des ascendants ; en cette qualité, la famille doit secours et protection à chacun de ses membres, elle est en partie responsable devant la société.

ART. 3.

POUVOIR LÉGISLATIF

Quel est le troisième pouvoir délégué de l'Etat ?

C'est le pouvoir législatif.

Quelles sont les attributions ordinaires du pouvoir législatif ?

Le pouvoir législatif a pour fonction ordinaire de représenter la nation pour le règlement des intérêts généraux dans tout ce qui est variable avec les temps, les lieux et les circonstances. Il fixe annuellement le budget.

Le pouvoir législatif a-t-il d'autres attributions que celles que vous venez d'indiquer ?

La fonction normale du Corps législatif est de faire, au nom du souverain, les lois auxquelles il veut se soumettre, mais il exerce cette fonction dans deux cas différents : tantôt il fait les lois organiques constitutives des institutions et régulatrices de leur jeu simultané et harmonique dans l'Etat ; tantôt il modifie seulement les lois organiques anciennes, ou bien il fait les lois d'exercice n'ayant qu'une portée pratique temporaire, bien que toujours d'un intérêt général. Dans le premier cas, qui n'est qu'exceptionnel, le Corps législatif prend le nom d'Assemblée constituante. Dans les autres cas, il garde le nom de Corps législatif ou d'Assemblée législative.

Par qui sont réglés les intérêts partiels dans l'Etat ?

Les intérêts partiels des départements, des cantons et des communes, sont laissés au libre gouvernement du département, du canton et de la commune.

Est-ce que le rôle constituant appartient exclusivement au Corps législatif ?

Les lois ordinaires sont soumises à la délibération et à l'acceptation du Sénat. Dans son rôle constituant, l'Assemblée est dirigée par les cahiers de délégation fournis par les comices électoraux, et son œuvre est ensuite soumise aux changements que peuvent y apporter le Sénat et l'Assemblée législative ordinaire.

Quelle est la nécessité du rôle du Corps législatif ?

De même que chez un individu le progrès vers la perfection se fait par une modification de son état présent, par une initiative intelligente émanant de son génie, de ses sentiments, de son imagination, d'une aperception nouvelle dans sa puissance, dans ses rapports et dans le but de sa vie; de même une nation ne peut être fixée à jamais dans une Constitution et dans des lois inébranlables. A côté du pouvoir conservateur, la nation a des besoins légitimes d'innovations; elle est obligée de répondre à des nécessités pratiques qui ressortent des temps, des lieux et des circonstances, il faut qu'un pouvoir légitime exerce ces devoirs nouveaux, et c'est le rôle du Corps législatif.

Les attributions du Corps législatif sont-elles fondées en justice ?

Comme assemblée réglant ou modifiant la Constitution, le Corps législatif est un appoint nécessaire au Sénat. Celui-ci représente surtout la tradition historique du pays, ses mœurs passées ou actuelles, la volonté d'ordre et de stabilité de la nation souveraine. Le Corps législatif apporte au même travail la fécondation des idées nouvelles, le germe des améliorations de l'avenir, les aspirations généreuses, mais que la pratique n'a pas encore éprouvées. Il représente le souverain dans ses désirs, dans son zèle et dans ses tendances au progrès ; par conséquent, il a légitimement l'attribution constituante. Comme assemblée législative, il règle annuellement le budget général de l'Etat et la répartition de l'impôt sur des bases générales équitables ; il reçoit les comptes de finances et les apure par les mesures légales que suscitent les événements; il règle enfin par des lois tous les rapports accidentels et temporaires que la vie nationale met en présence. Ce sont là des actes souverains qui, pour être légitimement accomplis, ne peuvent l'être que par une délégation qui représente la volonté actuelle de la nation.

Est-il sage que les lois soient votées à la majorité simple ?

Par l'impossibilité pour le souverain de manifester directement sa volonté, et par la nécessité de déléguer ses droits législatifs à des représentants, la volonté véritable de la nation risque de n'être pas toujours parfaitement rendue. D'un autre côté, demander pour la loi l'unanimité des votes des représentants, c'est exiger l'impossible, étant donné le caractère des hommes. Il ne reste que de considérer la volonté nationale comme pratiquement représentée par la majorité. Mais, à la place de la majorité simple, je proposerais volontiers que la majorité nécessaire fût des deux tiers des votants, et que les votants fussent les deux tiers des membres présents de l'Assemblée nationale.

La loi est-elle obligatoire pour les citoyens, par ce fait qu'elle a été votée par le Corps législatif?

La nécessité de l'ordre exige que la loi nouvelle soit reconnue utile, sage, et en harmonie avec la Constitution et les lois anciennes. Il faut aussi qu'elle ne restreigne en rien les droits essentiels de la liberté individuelle laissée au souverain. Ces questions sont examinées par le

Sénat, qui sanctionne la loi, la promulgue et, dès lors, la rend obligatoire pour les citoyens.

Les conflits sont-ils à craindre entre le Corps législatif et le Sénat ?

Ces conflits ne peuvent se produire qu'en matière grave, et ils sont résolus par la nation, ainsi que nous l'avons expliqué. Ils ne sont pas à redouter : c'est la voie du progrès pour la nation.

Comment se recrute le Corps législatif ?

Tout citoyen qui remplit les conditions fixées par la loi électorale peut être nommé député par le suffrage universel. Les députés peuvent être pris dans le corps sénatorial et en dehors.

Le suffrage universel direct peut-il être sagement chargé de nommer les députés ?

Lorsqu'il s'agit de nommer des hommes, il faut les connaître. La mesure d'une connaissance possible des hommes est la condition première d'exercice du suffrage des citoyens. Dans les conditions actuelles des mœurs et des relations politiques entre les citoyens, il est à peu près impossible qu'un homme soit suffisamment connu dans un département. Cette connaissance suffisante n'est même pas certaine partout et pour tous, dans chaque arrondissement. On ne se connaît sérieusement que dans le canton. Cependant, le nombre sage d'une assemblée délibérante ne comporte pas, en France, un député par canton ; dès lors, il est prudent de pratiquer l'élection à deux degrés. Le canton nommerait de grands électeurs qui pourraient plus sûrement connaître les candidats dans l'arrondissement ou même dans la province, et ceux-ci, réunis au chef-lieu de circonscription, éliraient les députés.

Le député est-il obligé de respecter la teneur de son mandat ?

Il doit absolument obéir à l'esprit des cahiers rédigés par les électeurs, respecter ce qui est impératif, entrer dans l'esprit de ce qui est de conseil, et enfin consulter l'intérêt de ses commettants dans les questions imprévues ou laissées à sa sagesse.

Quel est le rôle véritable de chaque membre du Corps législatif, relativement à la contrée qui le délègue ?

Il est le représentant des intérêts nationaux de sa circonscription. Il doit éclairer le Corps législatif sur les besoins et les intérêts, sur les charges et les services généraux de sa circonscription et s'efforcer d'établir une harmonie véritable entre sa circonscription et la nation entière.

Peut-on perdre le titre et les droits de député pendant la durée du mandat législatif ?

Oui, mais seulement dans les cas prévus par le règlement. Si les électeurs avaient à se plaindre de l'inexécution de leur mandat, ils pourraient faire une manifestation contre leur député, soit dans la presse, soit par une pétition à l'Assemblée, et ils auraient, en fin de compte, la ressource de ne pas renouveler la délégation du député dont ils auraient à se plaindre. C'est afin de rendre à la nation l'autorité qui lui appartient dans une pareille situation que le mandat législatif doit être court. Peut-être même serait-il mieux de le renouveler annuellement. Le mandat écrit, le mandat annuel, le mandat impératif : voilà la sauvegarde de la liberté nationale.

Quels sont les inconvénients du mandat de confiance accordé pour plusieurs années?

Dans une assemblée dont le mandat est un mandat de confiance, non délimité ni écrit, et un mandat de plusieurs années, les députés se partagent en groupes divergents, non pas d'après les solutions pratiques qu'ils ont à décider, mais d'après des opinions de théorie gouvernementale qu'ils n'ont pas à résoudre. Les partis étant ainsi groupés, les solutions pratiques et surtout les discours leur sont inspirés non pas par les motifs intrinsèques des intérêts en cause, mais par l'esprit de parti. On ne peut une situation plus inquiétante pour la stabilité des institutions, pour la sécurité des affaires et pour la meilleure solution des intérêts généraux. Chaque question devrait diviser les députés de la même façon que le seraient les cahiers sur la même question : ainsi la nation serait vraiment représentée.

Art. 4.

POUVOIR ADMINISTRATIF

Le pouvoir administratif n'est-il pas chargé de faire exécuter les lois, et, comme tel, n'est-il pas une partie essentielle du Sénat?

Le pouvoir administratif doit être une délégation directe du souverain et demeurer complétement indépendant du Sénat et du Corps législatif. Le Sénat, après avoir veillé à la conservation des institutions et des lois anciennes contre les innovations intempestives du Corps législatif, fait mouvoir les institutions générales et exécuter les lois d'exercice votées par le Corps législatif. Mais comme ces lois ne règlent jamais que des intérêts nationaux ou des intérêts d'une portée plus étendue qu'aucune des divisions administratives, il en résulte que le Corps législatif et le Sénat n'exercent leur action qu'en ce qui concerne les intérêts généraux. Le souverain se réserve directement l'administration des intérêts d'une portée restreinte, et c'est là le rôle du pouvoir administratif.

Le pouvoir administratif est donc en même temps législatif et exécutif?

Le pouvoir administratif est en même temps législatif et exécutif, mais ses attributions sont bornées à des décisions d'intérêt local. Tous les actes administratifs qui respectent la loi et la liberté individuelle garantie aux citoyens par la loi, sont permis aux administrations.

De quoi se compose un pouvoir administratif quelconque?

Il se compose d'une Assemblée délibérante nommée par le suffrage universel direct et d'un comité exécutif nommé par l'Assemblée elle-même et responsable devant elle.

Les actes administratifs sont-ils immédiatement exécutoires et tout-à-fait indépendants du Sénat?

Ils sont soumis au visa d'une Commission sénatoriale et rendus exécutoires par cette mesure, qui n'a d'autre but et d'autre droit que de s'assurer que l'acte administratif n'est pas contraire aux institutions, à la loi et surtout à la liberté des autres groupes administratifs ou des citoyens.

Le visa exécutoire ne serait-il pas mieux dé-

volu aux membres locaux des tribunaux administratifs ?

Il y aurait à cela quelque chose de plus logique, et surtout ce serait plus expéditif.

La décentralisation administrative que vous proposez ne serait-elle pas nuisible à l'ordre et à l'unité nationale ?

L'ordre et l'unité ne sont pas les principaux besoins des sociétés. La liberté légitime et le progrès sont supérieurs à l'ordre et à l'unité d'administration. D'ailleurs, la liberté provinciale, la liberté communale et la liberté individuelle ne sont pas incompatibles avec l'ordre général et l'unité nationale. Il suffit pour cela que les libertés partielles respectent les lois et les institutions, et que, en compensation, les lois et les institutions ne règlent que les rapports universels ou généraux de la nation.

Que reprochez-vous à la centralisation pratiquée en France depuis la Révolution de 1789 et surtout depuis le Consulat ?

L'unification de la France était le vœu unanime de la nation, en 1789, et la centralisation administrative avait été instituée pour la consolider. Malheureusement, le génie despotique de Napoléon comprit bientôt l'usage qu'il pouvait faire de cet organisme pour assurer sa puissance. Depuis lors, la centralisation est restée comme un type d'ordre, d'autant plus volontiers accepté que l'éducation générale des Français est catholique, et, comme telle, autoritaire.

La centralisation est l'un des plus grands obstacles à l'établissement d'un gouvernement républicain. La centralisation opprime les provinces et les communes, en détruisant leur initiative et leur responsabilité, même dans le domaine de leurs intérêts. Elle détruit l'émulation et l'exemple, et arrête par conséquent le progrès dans sa voie naturelle. Elle annule l'esprit public et le patriotisme, car on ne s'intéresse qu'à ce qu'on fait soi-même. Elle produit un esprit de critique et de dénigrement nuisible à la bonne harmonie et au respect de l'autorité. Elle est une source de lenteurs, de difficultés, d'intrigues et d'influences iniques dans les affaires. Elle donne au pouvoir exécutif une puissance sans bornes, et, par conséquent, tyrannique. Enfin, elle excite les révolutionnaires, qui savent que, par un heureux coup de main devenus maîtres du pouvoir, il leur est facile de se maintenir par la violence et la duplicité.

Cette décentralisation est-elle bien nécessaire dans un Etat où le pouvoir exécutif n'est plus aux mains d'une seule volonté?

Quand le pouvoir exécutif appartient au Sénat, la centralisation administrative offre beaucoup moins de dangers; cependant, ces dangers existent encore, car le président du Sénat, qui commande la force publique, peut être tenté d'abuser de sa puissance. Mais la décentralisation se recommande par elle-même comme une nécessité impérieuse.

Quels sont les avantages inhérents à la décentralisation ?

La décentralisation est toute dans l'intérêt du souverain, c'est-à-dire de la nation, qui ne doit déléguer que le moins possible ses droits et son pouvoir. Par la décentralisation, la province devient une personne morale, ayant pleine liberté d'action pour le règlement de ses intérêts particuliers, pour la satisfaction de ses tendances, pour l'accomplissement de ses progrès, le tout dans sa liberté d'initiative, qui n'est restreinte que par le juste respect des droits plus généraux de la nation, réglés par la loi. Il en est de même pour le canton et la commune, dans les bornes de leurs attributions respectives.

Les pouvoirs administratifs partiels peuvent-ils être chargés de l'exécution des lois et des règlements d'administration publique ?

Non. L'exécution des lois et des règlements d'administration publique est déférée à des agents soumis à l'autorité du Sénat et indépendants des pouvoirs administratifs partiels.

Est-il nécessaire que ces agents du pouvoir exécutif central soient aussi nombreux que les groupes administratifs ?

Cela n'est pas du tout nécessaire. Il suffirait, par exemple, que le pouvoir exécutif eût un agent dans chaque canton, pour veiller à l'exécution des lois.

Quelles sont les divisions administratives qui vous semblent nécessaires ?

Tout groupe de citoyens, tout groupe de communes qui ont des intérêts communs et qui ont des moyens communs d'exécution, peuvent être avantageusement réunis dans une section administrative séparée. Les principaux intérêts communs qui décident des divisions administratives sont la police, la force publique locale, le commerce, l'industrie, la voirie, la justice, l'instruction publique, l'assistance publique, l'hygiène publique, la presse, l'agriculture. Chacun de ces intérêts communs est susceptible d'une valeur variable avec les temps, les lieux et l'étendue naturelle des rapports des hommes entre eux. Tous ces intérêts se règlent au moyen d'efforts et de sacrifices communs, et peuvent être réglés par les intéressés eux-mêmes. Telles sont les bases principales des divisions administratives. En pratique, les divisions administratives sanctionnées par l'expérience sont : la commune, le canton, l'arrondissement, le département.

Comment délimitez-vous la Commune ?

Tout groupe de familles assez nombreux pour fournir une école et assez riche pour en faire les frais, doit être constitué en commune : premier élément administratif. L'instruction publique est le premier intérêt des citoyens. Autour de ce grand intérêt commun fonctionnent beaucoup d'autres intérêts très-dignes d'attention : la voirie, pour les besoins agricoles et pour les relations commerciales, le commerce, les institutions de secours et de prévoyance, l'hygiène, l'industrie locale, la police locale.

Comment délimitez-vous le Canton ?

La justice de paix, l'instruction primaire supérieure, les marchés, les approvisionnements, la voirie d'intérêt commun entre les communes qui entourent le chef-lieu, la police de sûreté, l'hygiène publique, le boisement ou le déboisement, les entreprises agricoles d'intérêt commun : tels sont les principaux intérêts du canton que les intéressés peuvent bien juger et sagement administrer.

Comment délimitez-vous l'Arrondissement ?

L'instruction supérieure, la justice de première instance, les tribunaux de commerce, les prud'hommes déterminent surtout la nécessité de l'arrondissement. L'arrondissement est aussi une circonscription électorale très-importante, en ce que les citoyens d'un arrondissement sont mutuellement connus. La presse trouve là les premiers éléments d'une réalisation possible et si importante. Il importe enfin que la voirie et les entreprises d'intérêt commun des cantons différents soient harmonisées de manière à sauvegarder l'économie et le bon usage.

Comment délimitez-vous le Département ?

L'agriculture, l'exploitation minière, la marine, les grandes voies de transport, les grandes entreprises d'intérêt commun, l'instruction publique, la justice d'appel, les tribunaux de conflits administratifs constituent les attributions supérieures du département. Le pouvoir administratif départemental règle tous les intérêts en ce qu'ils ont d'exclusivement propre au département, jusqu'aux détails d'exécution, vote les impôts spéciaux, fait leur répartition, fait la répartition par cantons des impôts votés par le Corps législatif et fixe les contingents militaires de tous les cantons du département.

Comment composez-vous le pouvoir administratif communal ?

Le pouvoir administratif communal est composé d'un Conseil. Ce conseil nomme des délégués d'exécution ou même des comités d'exécution pour chacune de ses attributions diverses. Il nomme, de plus, un président qui, sous le nom de Maire, dirige les délibérations communes et régularise les actes du Conseil en les légalisant de sa signature.

Comment le pouvoir administratif communal est-il nommé?

Il est nommé au scrutin et directement par le suffrage universel des électeurs communaux.

Comment composez-vous le pouvoir administratif cantonal ?

Il est composé des Maires et des Présidents de comités d'exécution de toutes les communes du canton. Il n'y a pas pour cette Assemblée d'élections nouvelles.

Comment composez-vous le pouvoir administratif d'arrondissement ?

Il est composé des Maires de toutes les communes, du

bâtonnier de l'ordre des avocats, du syndic de la chambre des notaires, de trois médecins, des chefs d'institutions secondaires, des rédacteurs en chef des journaux de l'arrondissement, des juges de paix, des instituteurs primaires supérieurs, des employés supérieurs des ponts-et-chaussées, du président et du secrétaire du comice agricole. Cette assemblée est présidée par un Sénateur nommé par le suffrage universel des électeurs de l'arrondissement, et l'un des membres de l'Assemblée départementale. Il est l'intermédiaire obligé entre l'Assemblée d'arrondissement et les Maires des communes. C'est lui qui est chargé de l'exécution et de la surveillance des résolutions de l'Assemblée d'arrondissement.

Comment composez-vous le pouvoir administratif départemental?

Chaque canton élit, au suffrage universel, deux représentants provinciaux; l'un des deux doit être pris parmi les Sénateurs. Ces représentants nomment un Président-Sénateur qui prend le titre de gouverneur du département. Ils nomment également des comités d'exécution dont les Présidents constituent avec le Gouverneur le pouvoir exécutif départemental.

Comment établissez-vous l'ordre dans ces pouvoirs superposés ?

D'abord, l'Assemblée législative règle le budget annuel et toutes les lois d'exercice. L'Assemblée départementale se réunit ensuite et règle tout ce qui rentre dans ses attributions. Elle fait la répartition par canton des charges imposées, soit par l'Assemblée législative, soit par elle-même. L'Assemblée d'arrondissement se réunit après l'Assemblée provinciale, et, en se soumettant d'abord aux décrets départementaux, elle règle, pour l'arrondissement, les questions d'intérêt commun, et vote pour cela les subsides nécessaires. Les Assemblées de cantons font la répartition définitive des charges par commune et par chaque citoyen ; elles décident les questions spéciales qui relèvent de la juridiction cantonale, votent pour cela des subsides, s'il y a lieu, et surveillent les finances de tout le canton. Enfin, en dernier lieu, les communes, connaissant la totalité de leurs charges et de leurs devoirs extérieurs, votent les mesures d'intérêt communal, y subviennent par un budget particulier, et font la répartition des charges exclusivement communales.

Comment sont réglés les conflits d'attributions, les abus et les excès de pouvoir de ces divers corps administratifs ?

Il existe, au chef-lieu d'arrondissement, un tribunal administratif qui règle les conflits en première instance ou définitivement, selon leur importance. Au siège du département existe un tribunal administratif d'appel ; enfin, il y a à la capitale un tribunal administratif supérieur qui a dans l'ordre administratif les attributions de la Cour de cassation, dans l'ordre purement judiciaire.

Par qui sont exécutés les jugements des tribunaux administratifs ?

Ils sont exécutés partout par les Sénateurs cantonaux désignés à cet effet par le Sénat central.

Pour combien de temps sont nommés les pouvoirs administratifs ?

Ils sont nommés pour trois années et renouvelables annuellement par tiers.

Pour quelle raison ne faites-vous pas renouveler tous les membres à la fois ?

Dans toutes les administrations, il existe des traditions respectables, des habitudes difficiles à acquérir, des entreprises à longue portée qu'il faut bien connaître dans tout leur accomplissement ; c'est pour répondre à ces besoins légitimes qu'il faut garder un moyen de stabilité dans la mobilité nécessaire des pouvoirs administratifs.

Ces divisions administratives sont-elles absolument imposées ?

Elles n'ont rien d'absolu. Elles peuvent varier avec les temps et les progrès sociaux. Cependant, il importe qu'elles soient réglées par la Constitution, et c'est pour permettre les améliorations progressives de ces pouvoirs qu'il est nécessaire d'organiser la révolution pacifique.

Art. 5.

FORCE PUBLIQUE

Qu'est-ce que la force publique ?

C'est l'ensemble des hommes armés, qui remplacent le souverain dans son œuvre de protection contre les désordres intérieurs, dans la mise à exécution des jugements rendus par les tribunaux et surtout dans la défense de la nation contre les attaques des nations étrangères.

Quel est le caractère particulier de la subordination de la force publique ?

La force publique, dans sa totalité et dans chacun de ses membres, est astreinte non pas seulement à des lois et à des règlements, mais même à l'obéissance passive aux volontés des supérieurs, sitôt que ces volontés ont pour but le service. Quand il s'agit du service, toute lenteur, toute hésitation, tout murmure, à plus forte raison toute révolte, est une faute grave qui exige non pas seulement la réparation, mais le châtiment disciplinaire.

Pourquoi acceptez-vous l'obéissance absolue et le châtiment dans l'organisation militaire ?

L'armée est une nécessité imposée par les traditions nationales du passé, par les routines gouvernementales, par l'égoïsme national, par les mauvaises passions populaires d'envie et de vengeance. Depuis longtemps, le progrès politique et économique a démontré le caractère anti-social de la guerre et des armées. Ce n'est pas la justice qui inspire l'organisation militaire, c'est la force et l'ordre comme moyen. L'obéissance passive et le châtiment sont les corollaires obligés de l'ordre pour la force. De la même façon que la liberté et la réparation sont les corollaires de l'ordre pour la justice et le progrès.

Serait il possible que les nations se soutinssent sans armées?

Cela serait possible, si toutes reconnaissaient un tribunal international auquel seraient soumis les litiges et les réclamations, et si toutes se soumettaient aux jugements de ce haut tribunal.

Puisque ce tribunal n'existe pas, serait-il sage à la France de négliger ses armées?

La France a l'honneur de marcher à la tête des nations par ses idées de justice et d'harmonie internationales. Là est le but vers lequel elle doit amener toutes les nations avec elle. Mais le passé de son histoire lui est un obstacle dans son prosélytisme; et, d'ailleurs, d'autres nations européennes ont leurs mœurs de justice et de liberté tellement en retard, que le despotisme militaire y est non-seulement souffert, mais honoré et profondément respecté. Dans un tel état des nations, négliger ses armées et ses moyens d'attaque et de défense, serait risquer l'existence même de la nation. La France doit se hâter de refaire ses armées et surtout sa discipline, et comme le seul moyen de prosélytisme qu'elle puisse employer c'est l'exemple de la sécurité, de l'ordre et de la prospérité, sous un gouvernement républicain, il faut qu'elle se hâte de donner au monde le spectacle de la justice par la liberté, sous un gouvernement vraiment démocratique. Le prosélytisme de la France sur les gouvernements est impossible et insensé; la France est l'ennemie naturelle des gouvernements monarchiques, elle est l'amie et l'initiatrice de tous les peuples. Là est la tradition qui seule peut la faire la maîtresse et la sœur aînée de toutes les nations. Quand les peuples européens auront suffisamment compris la France et son but, ils deviendront ses alliés dans une guerre définitive où les despotismes monarchiques devront disparaître pour laisser aux peuples grands ou petits la liberté de leurs institutions pour la concorde et la paix. Si la France redevenait une monarchie, elle serait à jamais condamnée à entretenir des armées permanentes; elle n'aurait aucun but européen ou humanitaire à accomplir, elle fausserait toutes ses plus nobles traditions, elle deviendrait dans l'état de division des esprits à l'intérieur et en face des nations voisines grandies par l'organisation militaire, elle deviendrait une nation sans influence et sans gloire.

Est-il nécessaire, pour la force même de l'organisme militaire de la France, que le gouvernement soit tout entier aux mains du chef des armées ?

La concentration de tous les rouages du gouvernement dans les mains d'un seul homme est un danger pour la liberté, même quand ce premier magistrat est électif, et, heureusement, cette concentration n'est pas du tout imposée comme une nécessité militaire. Il faut en toutes circonstances, que le chef militaire soit subordonné aux pouvoirs civils; cette subordination ne diminue en rien l'autorité et la liberté d'actions qui lui sont nécessaires sur les armées.

Quelle distinction peut-on établir dans les diverses parties constitutives de la force publique?

On distingue la police, la gendarmerie et l'armée.

Qu'est-ce que la police et quelle est sa raison d'être ?

La police est composée d'agents assermentés dont la fonction est surtout de prévoir, de prévenir, d'avertir, de surveiller, de surprendre les flagrants délits et d'arrêter les coupables pour les soumettre aux juges Ces fonctions exigent des aptitudes particulières qui gagnent par l'expérience et qu'il est sage pour cette raison de confier à une corporation particulière indépendante de l'armée proprement dite.

Qu'est-ce que la gendarmerie ?

C'est un corps militaire d'élite qui exerce des fonctions analogues à celles de la police, mais qui ne les exerce pas seulement sur la population civile, mais encore sur la population militaire elle-même. La gendarmerie a sa raison d'être pendant la guerre, alors que les armées sont loin du pays ; mais même alors, et surtout en temps ordinaire, la gendarmerie pourrait être économiquement supprimée et remplacée par l'armée. La gendarmerie retrouverait sa raison d'être si les armées permanentes étaient un jour supprimées. Ce qui rend aujourd'hui opportune la suppression de la gendarmerie, c'est la facilité de poursuite des délinquants par le secours des télégraphes.

Qu'est-ce que l'armée ?

L'armée et la marine de guerre constituent la force publique nationale chargée de la défense du pays contre les insultes ou les attaques des nations ennemies. L'armée et la marine de guerre ont pour rôle de sauvegarder les personnes, les institutions, les lois, les propriétés et le territoire contre les attaques à main armée des peuples étrangers.

Est-il possible de charger du rôle militaire une corporation particulière dans l'Etat ?

Cela a été possible autrefois, mais aujourd'hui c'est une charge politique que chaque citoyen doit remplir au moins pendant un certain temps de sa vie. De tous temps, le service militaire a été injustement réparti. Le temps est venu d'en faire une obligation pour tous.

SECTION SECONDE

ORDRE CIVIL

DEVOIRS CORRESPONDANTS

Qu'est-ce que l'ordre civil ?

L'ordre civil diffère essentiellement de l'ordre politique. Dans l'ordre politique et par la loi politique, le souverain ordonne des actes que les citoyens doivent exécuter. Dans l'ordre civil et par la loi civile, le souverain défend expressément tels ou tels actes et permet tous les autres, mais il n'en ordonne aucun. La loi politique règle le domaine souverain de l'autorité. La loi civile règle le domaine souverain de la liberté. Dans l'ordre politique, aucun acte d'autorité n'est légitime s'il n'est commandé par la loi ou délégué par le souverain. Dans l'ordre civil, tout est légalement permis qui n'est pas défendu par la loi écrite. Dans l'ordre politique, le souverain a en vue la sécurité, l'ordre et la combinaison régulière des volontés des citoyens. Dans l'ordre civil, le souverain conserve, préserve et garantit le plus possible aux citoyens les droits naturels de leur libre volonté ; il ne les borne que par les droits légitimes des concitoyens de façon que les uns ne puissent anéantir les autres, mais qu'ils s'harmonisent et se combinent au mieux de leur conservation et pour le plus grand avantage de la nation.

L'ordre civil a-t il une grande importance ?

L'ordre civil, avec tous ses modes de réalisation, est proprement le but social que les hommes se proposent en s'unissant ensemble sous forme de sociétés. C'est l'ordre civil, c'est-à-dire l'ensemble de tout ce qui constitue l'exercice de la liberté civile qui impose la nécessité de l'ordre politique, lequel n'est en réalité qu'un sacrifice de liberté fait par chacun au bénéfice commun. C'est pour acquérir les puissances civiles et exercer les libertés civiles que les hommes consentent à s'unir entre eux en sacrifiant tout ce que demandent les lois politiques et civiles.

Est-il avantageux de sacrifier une partie de sa liberté naturelle pour acquérir les libertés civiles ?

L'homme isolé n'aurait à obéir à aucune autorité politique ; tout ce qui lui serait possible et avantageux lui serait permis ; il semble que cette situation soit le type de la liberté. Mais en vérité la liberté de l'homme se mesure à sa puissance et la puissance de l'homme dans la société et par la société est infiniment supérieure à la puissance de l'homme isolé. De telle façon que le semblant de sacrifice fait dans l'intensite de la liberté est infiniment compensé par les formes diverses de libertés que procure l'état social.

Quel est le bonheur immédiat de l'homme ?

Son bonheur immédiat c'est l'exercice de sa puissance, la satisfaction de ses besoins, l'accomplissement de ses tendances, la conservation et l'amélioration de son existence, enfin la jouissance des plaisirs naturels dont il est capable. Toutes ces conditions de bonheur se multiplient dans l'ordre civil de l'état social.

Comment se multiplient les conditions de bonheur dans l'Etat social régulier ?

Les conditions de bonheur se multiplient par la division des fonctions sociales et par l'exécution en commun ou par délégation des fonctions relatives à un grand nombre d'intérêts généraux. Ainsi les fonctions qui regardent la sécurité et la justice sont avantageusement remplies soit en commun soit par délégation. Dans l'ordre civil même, la puissance des citoyens s'exerce selon les aptitudes de chacun ou à son choix; chacun se partageant les fonctions sociales y prend une dextérité, une habileté particulière au moyen de laquelle les besoins de tous sont plus complètement satisfaits ; les tendances particulières et communes sont plus heureusement, plus sûrement et plus rapidement accomplies ; les acquisitions successives de l'intelligence s'accumulent et sont gratuitement données à tous ceux qui le désirent au grand avantage de tous. De nouveaux plaisirs, de nouveaux attributs, des puissances nouvelles agrandissent l'action des citoyens et élargissent le cercle de ses meilleures jouissances. Pour bien comprendre la valeur de la vie sociale régulière, il suffit d'y comparer l'état de l'homme supposé isolé. Ce dernier serait moins heureux que beaucoup d'animaux. Obligé de se conserver, de se préserver et de se défendre, il serait facilement la proie des maladies et des animaux dangereux. Il serait obligé de trouver et préparer lui-même sa nourriture ; de se protéger le corps contre la nudité et contre les intempéries. Toute son intelligence, tous ses instincts, toute sa raison lui suffiraient à peine à chaque moment pour ces besoins matériels et inférieurs, l'abondance et la sécurité lui seraient également impossibles.

ART. 1er

TRAVAIL

Quel est le moyen unique et nécessaire par lequel les hommes peuvent établir, conserver et goûter tout le bonheur social ?

Ce moyen unique et nécessaire est le travail. Le travail est l'apanage exclusif de l'homme. Bien différent de l'application forcée des puissances humaines à la vie dans l'isolement, le travail est une œuvre choisie, apprise et raisonnée qui n'est possible que par la réciprocité des services qu'on ne trouve que dans l'état social régulier.

Qu'entendez-vous par la réciprocité des services qui sont la base du travail dans la Société ?

Dans la société, chaque individu s'attache à une seule espèce de travail ; il fait pour cela un apprentissage ; il acquiert l'habileté que donnent les habitudes contractées et la méthode d'exécution de telle façon que le produit nécessaire à la société est plus parfait et plus avantageusement obtenu. Le cultivateur sait mieux soigner la terre et récolter les provisions nécessaires; le tisserand est le plus habile à la fabrication des tissus; le tailleur est le plus habile à la confection et ainsi de suite. Chacun, dans sa spécialité, travaille pour les autres et réciproquement, et, de cette façon, les hommes qui, isolés, n'auraient eu que le temps strictement nécessaire à la satisfaction de leurs besoins, trouvent bientôt des loisirs qu'ils peuvent employer soit à la science, soit aux arts, soit aux beaux-arts, sources délicates et merveilleuses du bonheur le plus pur pour l'humanité.

Quel est le rôle de justice sociale accompli par le travail?

Le travail, dans l'ordre de la justice sociale, doit être considéré comme la part nécessaire d'efforts que chaque citoyen doit faire dans l'intérêt commun, en compensation des services que tous les autres citoyens lui rendent. Le travail est encore imposé par la justice à un autre point de vue. Les sociétés se perpétuent, mais tous les membres disparaissent successivement par la mort. Chacun de nous trouve en naissant dans la société une accumulation de bienfaits qu'il n'a aucunement préparés par un travail personnel; en retour de ces services reçus des ancêtres nous devons préparer de nouveaux bienfaits pour nos enfants et nous ne le pouvons que par le travail.

Comment appelle-t-on les formes diverses du travail ?

Les formes du travail dans la société sont infiniment nombreuses et s'appellent professions.

Le travail a-t-il droit à la protection sociale?

Oui. Tout travail étant utile à la société a droit à sa protection.

Le travail doit-il être réglé par la Loi ?

En général le travail doit être laissé à la liberté des citoyens. Le travail est assez imposé par la nécessité des choses, il est inutile d'en faire une prescription directe de la loi.

Bien qu'il convienne que la Loi ne réglemente pas le travail, n'est-il pas nécessaire qu'il soit rendu obligatoire?

Il n'est pas nécessaire que la loi rende directement le travail obligatoire ; mais comme il n'est pas possible de subvenir à ses besoins sans travail, celui qui ne travaille pas cherche à se procurer ce dont il a besoin par des moyens illicites et c'est de cette façon que l'obligation du travail tombe sous le coup de la loi. La loi défend la mendicité, le vol, l'escroquerie; ce sont les seuls moyens que puisse employer pour ses besoins celui qui ne veut pas travailler.

ART. 2.

PRODUCTION

Quel est le résultat commun du travail?

Le résultat du travail est un produit. Considéré dans la généralité d'une profession, d'une province ou d'une nation, il prend le nom de production.

Le travail peut-il donner une production supérieure aux besoins ?

Oui, et c'est grâce à cette possibilité que la propriété devient possible, ainsi que l'épargne et l'approvisionnement qui rassurent la prévoyance et garantissent l'avenir. C'est aussi le travail en excès sur le besoin qui permet le prêt et l'échange monétaire.

Comment le travail en excès permet-il le prêt et l'échange monéta're.

Le prêt est l'abandon provisoire d'un citoyen à l'autre

d'une partie de son travail et il est clair qu'on ne peut prêter que si l'on n'a pas besoin soi-même et si l'on a l'objet à prêter. Si d'ailleurs chaque citoyen ne pouvait produire en chaque chose que la quantité qui lui est nécessaire, il ne pourrait transformer ses produits en valeur et en faire échange, soit avec une monnaie, soit avec d'autres produits.

Est-il juste que le produit appartienne à celui qui a travaillé ?

Cela est juste en effet et ne peut supporter de restrictions que pour la participation prise au travail par l'Etat qui a sauvegardé la sécurité du travailleur, par le propriétaire de l'outil ou de la matière première, ou enfin par suite de conventions libres consenties par le travailleur.

N'y a-t-il de travail que l'activité qui détermine un produit ?

Tout service social ou particulier est un travail au même titre que la production d'un objet commercial quelconque.

Est-ce que le travail n'est pas une peine et même une punition de l'homme ?

Le travail ne s'accomplit pas sans efforts et sans vertu, mais il n'est pas pour cela une peine ; il est bien plutôt une satisfaction et la source la plus abondante des jouissances pures de l'homme en société. Acquérir du mérite, consolider son indépendance personnelle, assurer son avenir et celui de sa famille, se rendre utile aux autres et même nécessaire à la société, ce sont là tous fruits du travail. Étant donné l'homme avec sa constitution, ses besoins et le milieu où il vit, le travail n'est pas une punition, il est le meilleur attribut général de sa nature sociale.

Est-ce que le travail manuel n'est pas méprisable ?

Tout travail est utile à la société, et comme tel il ne peut être méprisable. D'ailleurs le travail est nécessaire à la santé et, de toutes les formes du travail, le travail manuel, qui était autrefois le plus méprisé, est souvent le plus hygiénique.

Quel est le moyen de trouver dans le travail la plus grande somme de bonheur qu'il soit susceptible de procurer ?

Le moyen est de s'y appliquer avec ardeur, d'y acquérir l'habileté et d'en tirer le plus grand profit. L'estime des concitoyens accompagne celui qui a acquis de l'habileté dans sa profession, et le profit lui permet des jouissances sociales inaccessibles à ceux qui ne travaillent pas ou dont l'habileté est moindre.

Que doit-on se proposer en travaillant ?

On doit se proposer de consolider sa liberté, d'améliorer sa position et celle de sa famille et de multiplier, au bénéfice de la société, les bienfaits qu'on a reçus d'elle. De cette manière, on accomplit le but de sa vie qui est le perfectionnement de soi-même et on travaille au but de la vie nationale et humanitaire qui est le progrès vers le bonheur dans la liberté et par la justice.

Art. 3..

PROPRIÉTÉ

Qu'est-ce que la propriété ?

La propriété est le produit du travail de l'homme ? Le produit prend ce nom parce qu'il doit l'existence à celui qui l'a fait, dont il est la chose propre, exclusive de tout droit étranger.

Le sol et la plupart des matières premières ne sont pas des produits du travail de l'homme ; sont-ce des propriétés légitimes ?

Le sol et tout ce qui en émane directement, sous le titre de matières premières, sont des propriétés légitimes au même titre que le produit vrai du travail. Ces propriétés ont cependant un caractère particulier : depuis qu'elles sont devenues des valeurs d'échange dans la société, elles sont devenues aussi légitimes que le produit du travail, mais à leur entrée dans la fortune particulière ou publique elles se distinguent du produit du travail en ce qu'elles existaient avant tout travail de l'homme.

Comment acquiert-on la propriété première du sol et des matières premières ?

On acquiert cette propriété par la prise de possession ou par le partage bénévole, entre les membres de la société, lorsque la prise de possession est faite en commun par la société.

La propriété du sol et des matières premières est-elle aussi entière que la propriété du produit du travail ?

Non. La propriété du sol, en particulier, n'est qu'un droit d'usage exclusif de la superficie. Les richesses minérales ou autres que le sol recèle ne sont pas la propriété du possesseur superficiel, la société s'y réserve des droits et réserve même les droits de possession pour l'inventeur. La société, par le fait, est copropriétaire de l'atmosphère et du sous-sol avec le propriétaire superficiel, et c'est sur cette copropriété légitime que se base en justice le droit d'expropriation pour cause d'utilité publique. Quant aux matières premières naturelles, on n'a sur elles aussi qu'un droit d'usage. Elles appartiennent encore, pour une part au moins, à la société et il résulte de là que le droit légitime du travailleur ne va pas jusqu'au droit d'anéantissement. Anéantir les matières premières serait diminuer le domaine social, ce serait détruire une propriété qui n'appartient pas au destructeur.

De ce que le droit de propriété sur le sol, sur le sous-sol, sur l'atmosphère, sur les eaux et sur les matières premières naturelles n'est pas absolu au même titre que la propriété du produit du travail, s'ensuit-il que cette propriété soit illégitime ?

Non. La propriété d'usage du sol et des matières premières naturelles, même à son origine, qui n'est qu'une prise de possession, sans travail, est parfaitement légitime. Elle devient, plus tard, plus légitime encore, si c'est possible, par les transactions libres dont elle est l'objet et par son échange à titre d'identité de valeur avec les vrais produits du travail.

Montrez la justice de la prise de possession première?

La société a le plus grand intérêt à ce que son domaine augmente de plus en plus. Quand une étendue du sol ou tout objet abandonné sont pris en possession par un citoyen, il en fait une partie lucrative du domaine public en même temps qu'une propriété lucrative pour lui. La prise de possession est donc un acte avantageux au particulier qui l'exécute et à la société elle-même ; c'est un acte juste.

Quand la propriété a subi le travail de l'homme, n'est-elle pas plus légitime encore?

En effet, c'est par le travail de l'homme que la propriété devient une source d'avantages sociaux et particuliers. L'utilisation de la propriété est nécessaire pour perpétuer le droit de prise de possession.

Est-ce que le propriétaire par prise de possession n'est pas libre de laisser infructueux et inutile l'objet dont il s'est emparé ?

Non, il ne peut légitimement prendre possession que de ce qu'il peut utiliser ; autrement il compromettrait, sans bénéfice pour lui, une source possible de bénéfices pour la société, si sa prise de possession excluait tout autre citoyen de la propriété libre.

Mais si le propriétaire, par prise de possession première, subit une part des charges sociales pour la propriété dont il s'empare, ne légitime-t-il pas sa propriété perpétuelle ?

Si la loi déclare suffisante la charge d'impôt pour légitimer et perpétuer la propriété par prise de possession, cette propriété devient légitime par ce fait ; mais la loi est plus sage et plus juste en exigeant une mise en valeur par le travail dans un délai déterminé.

La loi déclare que le droit de propriété comporte le droit d'user et d'abuser ; est-ce une loi juste ?

La loi civile, avons-nous dit, organise la liberté ; elle doit donc apporter à la liberté du citoyen le moins d'entraves possibles. Sa mesure est dans la préservation des intérêts sociaux. Or, l'anéantissement des propriétés originaires de la nature, les seules sur lesquelles la société comme corps, puisse faire valoir des droits, est extrêmement difficile et en tous cas rare et sans importance. Dans tous les cas d'abus de la propriété, il y a seulement déplacement de possession ou une diminution de valeur qui ne peut dépasser la valeur du travail d'appropriation ; dans ces différents cas, l'intérêt public est sauf, l'intérêt particulier seul est lésé, mais comme il est lésé de son fait ce n'est plus qu'un acte de liberté que la loi doit respecter.

Est-ce qu'il est juste que la loi respecte la liberté de nuire à soi-même ?

Nous avons déjà dit ailleurs que l'ordre n'est pas le principal but que doive se proposer la société. L'ordre n'est qu'un moyen. Le but de la société ne peut détruire le but de la vie humaine qui est l'accomplissement du bonheur et de la justice par la liberté. Si la loi ne réservait pas à la liberté individuelle le domaine qui lui appartient, le souverain perdrait ses droits, l'homme cesserait d'être libre et responsable et il deviendrait un élément passif sans mérite et sans valeur individuelle. Il en résulterait une oppression inhumaine et une stabilité fixe négative de tout progrès social.

Est-ce que la justice ne doit pas régler aussi bien les actes d'intérêt particulier que les actes d'intérêt général ?

La justice règle véritablement tous les actes humains quels qu'en soient les rapports ; mais il ne s'ensuit pas que la loi sociale écrite doive avoir cette compétence. Les règles de la justice, pour les actes humains laissés à la liberté des citoyens, sont données par la morale individuelle et non par la morale nationale, qui seule est le domaine des lois civiles.

La propriété, de quelque nature qu'elle soit, est-elle utilement et légitimement transmissible?

La transmission des propriétés d'un possesseur à un autre est un acte de liberté ou de justice naturelle qui est la source de toutes les relations sociales connues et pratiquées sous le titre de commerce social. Ce commerce des propriétés est l'origine de rapports sociaux qui donnent à chacun une multitude de libertés et au moyen desquels les nations mêmes s'unissent dans des rapports de justice et d'intérêts qui deviennent le meilleur lien des hommes entre eux.

Lorsque la propriété n'est pas matériellement transmise, par quel moyen peut-elle être l'objet de transactions libres?

La propriété peut être transmise matériellement ou par équivalence et alors par sa valeur seulement.

Art. 4.

VALEUR ET MONNAIE

Qu'appelle-t-on valeur?

On appelle valeur le rapport d'une propriété à une autre propriété prise comme unité de valeur.

Comment peut-on créer une unité de valeur applicable à toutes les propriétés au gré de la liberté?

C'est au moyen d'une monnaie qui, ayant une valeur réelle et univoque dans la société, puisse servir de valeur représentative pour toutes les propriétés possibles.

Est-il nécessaire que la monnaie ait la valeur réelle qu'elle est chargée de représenter dans les transactions?

Cela est absolument nécessaire pour la sécurité des transactions et pour empêcher tout arrêt de commerce qui résulterait du manque de confiance que l'on aurait dans la volonté universelle et persévérante des hommes à accepter la monnaie employée.

De quoi se sert-on comme monnaie ?

On emploie, dans toutes les sociétés civilisées, des métaux précieux, capables de prendre et conserver une forme commode et des signes distinctifs, indicateurs de la valeur réelle qui leur est universellement reconnue, au moins dans chaque pays.

Serait-il avantageux que la même monnaie fût reconnue et employée dans l'univers entier?

Ce serait un moyen d'union entre les peuples qui, facilitant leurs rapports, les rapprocherait dans l'accomplissement du progrès humanitaire par la liberté.

Si un gouvernement, par un moyen plus ou moins habile, falsifiait les monnaies, serait-il juste ?

Ce gouvernement volerait les particuliers et les nations étrangères et manquerait à l'un de ses principaux devoirs de justice.

Quels sont les gouvernements qui peuvent être tentés d'employer ce moyen ?

Ce sont les gouvernements monarchiques, pour augmenter leurs frais de luxe, de prodigalité et de plaisirs, ou pour accomplir leurs projets de guerre. Un gouvernement démocratique ne pourrait songer à employer un pareil moyen, parce qu'il sacrifierait les intérêts de tous sans bénéfice pour lui-même.

Quels sont les avantages de l'emploi de la monnaie ?

La monnaie facilite les échanges à distance et l'établissement des intermédiaires dans les transactions. Elle multiplie la liberté d'action des hommes.

La monnaie sert avantageusement comme valeur d'échange dans les relations de voisinage, mais comment les hommes exécutent-ils leurs échanges à longue distance ?

Les hommes ont trouvé, dans l'organisation de la société, un moyen d'augmenter encore la facilité des échanges à longues distances. Ils emploient pour cela des billets représentatifs, qui, sous une forme légère et commode, peuvent être transportés à des distances très-grandes, au moyen de forces très-légères. Ils ont les postes et les billets de banque.

Art. 5.

BILLETS DE BANQUE

Qu'est-ce qu'un billet de banque ?

C'est un titre portant tous les signes nécessaires pour le rendre authentique et qui est la représentation commode d'une valeur monétaire équivalente conservée en lieu sûr jusqu'au retour du billet.

Est-il juste que la monnaie réelle représentée par le billet de banque existe en lieu sûr jusqu'au retour du billet?

Cette condition est sagement exigée par la loi qui donne aux billets de banque un cours forcé dans les transactions des citoyens. Le billet de banque devient ainsi un moyen de civilisation d'une grande importance.

Si un gouvernement laissait disparaître le

gage représentatif des billets de banque, manquerait-il à son devoir ?

Il manquerait à son devoir d'une façon on ne peut plus grave. Il se ferait le voleur ou le complice des voleurs de ses administrés. Il n'y a que des gouvernements monarchiques dont le despotisme puisse aboutir jusque là.

Pourquoi accusez-vous ainsi les gouvernements monarchiques ?

C'est que, par nature, le gouvernement monarchique est usurpateur du droit naturel de souveraineté. Le pouvoir souverain qu'il exerce et qu'il prétend exercer à perpétuité, lui donne des intérêts particuliers qu'il s'efforce de conserver par tous moyens, et l'un des principaux est l'emploi de l'or et de l'argent, qui lui servent à payer les services égoïstes qu'il réclame des citoyens, à tromper l'esprit public par des manifestations de luxe, de fausse grandeur et de fausse générosité, etc.

Réunir les valeurs monétaires, les garder en lieu sûr, créer des billets de banque, les mettre en circulation et les reprendre en échange de leur valeur monétaire, c'est là un service social important. Est-ce que ce service est gratuit?

Non, ce service qui est rendu à la société par une compagnie de propriétaires, sous la surveillance de l'Etat, et qui serait aussi bien rendu par le gouvernement, si le gouvernement était la représentation réelle du souverain, ce service n'est pas rendu gratuitement, il est payé raisonnablement par chacun de ceux qui y ont recours.

Comment est-il payé?

Au moyen d'une commission proportionnelle qui s'appelle escompte.

Par qui est réglé l'escompte de la Banque nationale?

Il est réglé par la volonté des administrateurs et soumis à de grandes variations qui n'ont d'autre loi que l'intérêt de l'entreprise elle-même.

Est-ce qu'il est juste que la Banque nationale, qui a seule le privilège de livrer des billets de circulation obligatoire, puisse régler ses bénéfices à sa volonté?

Le besoin de sécurité, qui est si nécessaire dans ces matières, fait que les citoyens consentent aux priviléges exorbitants de la banque nationale. Si un gouvernement démocratique, véritablement stable et légitime, pouvait donner la même assurance aux citoyens, ce gouvernement garderait l'administration de la banque nationale au plus grand avantage de l'Etat et des particuliers. Tout privilége disparaîtrait, et nulle exaction ne serait possible, les bénéfices de l'entreprise devant retourner à ce gouvernement, c'est-à-dire au souverain véritable.

Pourquoi proposeriez-vous que la Banque fût une entreprise nationale si le gouvernement régulier était établi?

C'est que la banque est un service public et qu'en principe il est juste que tous les services généraux d'inrérêt public soient sous la haute administration du souverain.

Pourquoi pensez-vous que tout service général doit être rempli par le souverain?

C'est que dans le cas contraire, il existe un second souverain, avec toute sa puissance, contre le véritable souverain. Une société, assez puissante pour remplir l'un ou l'autre des grands services généraux et permanents de l'Etat, devient une puissance souveraine plus forte que le souverain véritable, dans les actes qu'elle accomplit et ayant toujours avec lui des intérêts opposés.

Art. 6.

CAPITAL

Qu'appelle-t-on capital?

Le mot capital a un sens strict et un sens plus large. Ces deux sortes d'acception jettent quelque désordre dans les esprits. Dans l'acception la plus étendue, le capital est toute puissance humaine : c'est dans ce sens que l'on dit que la jeunesse, la santé, la réputation, le talent, sont des capitaux aussi bien que tout ce qui est meuble, immeuble et monnaie ou contrat à profit. Dans cette acception, le capital est synonyme de toutes les puissances humaines. Au sens strict, le seul qui convienne pour les discussions irritantes soulevées par le socialisme, le capital est la valeur, réalisable en espèces, accumulée entre les mains des particuliers ou des sociétés. Cette valeur est composée des meubles et immeubles réels, de la monnaie, des billets de banque et de toutes autres valeurs représentatives, dont nous aurons l'occasion de parler plus tard quand nous nous occuperons des institutions de crédit. Tout ce qui est vrai, pour le capital considéré au sens le plus large, est vrai pour le capital, au sens le plus strict ; mais la réciproque n'est pas vraie,et c'est à cela qu'il faut faire attention dans les discussions. Il vaudrait mieux, peut-être, remplacer le mot capital, au sens large, par le mot puissances sociales et n'employer le mot capital qu'au sens le plus étroit.

Dans le sens plus large, qu'est-ce que le capital, quelle en est l'origine ?

Les puissances proviennent ou de la nature, ou de l'hérédité, ou de la prise de possession légitime ou du travail, ou de transactions librement conclues et en respectant toutes les règles de la justice.

Toutes ces propriétés sont-elles légitimes ?

Les Propriétés émanant de la nature sont évidemment légitimes. Elles ne peuvent jamais nuire aux mêmes propriétés, chez d'autres individus, d'où il résulte que chacun peut augmenter ses puissances naturelles et multiplier dès lors sa liberté sans nuire,par ce fait,à la liberté des autres. Les progrès de l'hygiène, de la science et de la moralité publique, en augmentant la valeur personnelle des hommes, posent la meilleure base des progrès généraux de la société entière : quant aux propriétés capitalisables et transmissibles par transactions communes qui arrivent aux citoyens par hérédité, ellessont légitimes chez l'héritier, si elles étaient légitimes chez l'ascendant ou le donateur et si l'acte de transmission était juste lui-même. Nous avons vu plus haut les restrictions sous le bénéfice desquelles la propriété par prise de possession est légitime. La propriété de l'œuvre accomplie par le travail humain est sacrée et légitime comme une émanation absolue de la personne humaine. Mais, la plupart du temps, le produit du travail n'est qu'une modification particulière d'une matière première et cette matière première, ainsi que l'outil, peuvent être la propriété d'un autre citoyen que le travailleur. C'est de là que naissent toutes les difficultés pratiques de la justice entre ouvriers et patrons. Enfin les propriétés acquises par des transactions libres sont légitimes quand, de part et d'autre, la transaction a été une œuvre de liberté et que les moyens de transaction ont été réguliers. Nous verrons que dans le dernier cas, il existe une foule d'actes injustes, parce que la liberté véritable a été compromise chez l'un ou l'autre des transacteurs ; mais ces injustices, appartenant à la liberté souveraine des individus, échappent quelquefois à la loi écrite et ne tombent alors que sous la loi morale.

A quel titre les propriétés entrent-elles dans l'ordre politique et dans l'ordre civil ?

Elles y entrent à titre de puissances nationales et de puissances individuelles. Toutes les propriétés constitutives du capital et que nous venons de passer en revue sont de véritables puissances, ayant des droits et des devoirs sociaux à exercer dans la mesure même de leur valeur absolue et relative.

Quelle est la loi de justice de toutes les propriétés ?

Comme puissances soumises à la liberté de l'homme, elles doivent être employées au bonheur et à l'amélioration du propriétaire et de tous les autres membres de la société. Toute puissance qui serait employée à l'avantage exclusif de celui qui la possède, menacerait bien vite l'intérêt général. Le sacrifice en est rarement commandé par la justice, pour le salut commun, mais la loi morale commune est que la propriété soit utile à la fois au propriétaire et à la société.

Quel est le rôle de la loi relativement à la propriété?

Elle garantit la sécurité de possession et le libre usage des propriétés légitimes. Elle organise la revendication des propriétés légitimes contre toute atteinte. Elle prononce la réparation du tort accompli contre les propriétés légitimes et poursuit l'exécution de cette réparation.

Qu'est-ce que la propriété doit à l'Etat en retour des avantages que la loi lui assure?

La propriété doit compenser par l'impôt la valeur des services que lui rend la loi. Telle est la légitimité de l'impôt. Quand la valeur de l'impôt et la valeur du service rendu à la propriété par la loi sont égales, l'impôt est normal et juste : telle est la loi générale de la justice dans les impôts.

S'il existe des victimes de la mauvaise organi-

sation des propriétés, peuvent-elles se rendre justice par voies de fait ?

Non. Les voies de fait sont contraires à l'ordre. Ces victimes, si elles existent, doivent s'adresser, soit à la loi, soit aux institutions, soit aux mœurs, pour obtenir les changements qu'elles jugent utiles et justes dans l'organisation des propriétés.

Quelles sont les propriétés qui suscitent les plus grandes difficultés sociales ?

Ce sont les propriétés connues sous le nom de capital, au sens le plus strict du mot, et les propriétés qui résultent exclusivement du travail actuel. Il existe un antagonisme entre les possesseurs de ces deux sortes de propriétés, et il importe de régler ces difficultés par les données de la justice.

Art. 7.

INDUSTRIE

Qu'entend-on en Industrie par Capital ?

L'industrie travaille pour le patron ou à façon. Quand l'industrie travaille à façon, le capital du patron est composé de la valeur de l'usine, de la valeur de la clientèle, de la valeur des outils, du capital nécessaire comme avances au travail, des frais généraux d'administration et d'entretien de tout le matériel, enfin des assurances régulièrement contractées pour les cas d'accidents. Quand le patron travaille pour son compte, il faut joindre à toutes ces valeurs la valeur de la matière première, l'emmagasinage et la manutention, les pertes d'intérêts et les frais de vente du produit.

La valeur exacte du capital industriel peut-elle être parfaitement connue ?

Oui, la valeur du capital industriel peut être parfaitement connue et exactement déterminée.

Qu'est-ce que le travail industriel ?

Le travail industriel est l'œuvre de l'ouvrier dans la direction de l'outil pour obtenir le produit.

La valeur du travail industriel peut-elle être déterminée ?

La valeur du travail industriel ne peut être directement déterminée que par les bénéfices ou les libres conventions.

Qu'appelez-vous bénéfices ?

Les bénéfices, pour l'industriel à façon, sont la différence qui existe entre le prix de façon et les frais qui ont été faits pour produire la façon. Chez l'industriel à son compte, c'est la différence entre le prix de vente et le prix de revient.

Au moyen de la connaissance des bénéfices, comment pourrait-on déterminer en équité la part du travail industriel dans la production ?

Chez l'industriel à façon, si l'on retranche des bénéfices tous les frais de façon autres que le salaire, on a la valeur produite par le travail. Chez l'industriel à son compte, si l'on retranche du prix de vente la somme du prix d'achat et des frais de toute espèce, autres que le salaire, on a la valeur produite par le travail.

Dans ces conditions, quels sont les véritables facteurs du travail ?

Les facteurs du travail sont de deux ordres : 1° l'intelligence organisatrice et la direction ; 2° le travail d'exécution proprement dit.

Y a-t-il un rapport régulier entre ces deux facteurs, et peut-il être réglé par la loi ?

Non, ce rapport est d'une variabilité extrême et ne pourrait même être établi respectivement pour chaque ordre d'industrie. Dès lors, ce rapport ne peut être soumis à la loi.

Si les rapports du travail intellectuel et du travail d'exécution ne peuvent être soumis à la loi, comment peuvent-ils être réglés ?

Ils ne peuvent être réglés que par la libre discussion des services réciproques rendus dans la production des bénéfices et par une convention entre les facteurs du bénéfice.

Comment pourrait-on empêcher les abus d'exploitation de l'intelligence sur le travail ?

On ne le peut que par la loi morale sur l'esprit des patrons, par la démonstration de cette vérité : que le lucre et la sécurité des ouvriers font la solidité de l'industrie, et qu'il y a complète solidarité entre les ouvriers et les patrons; enfin par le refus de travailler fait par les ouvriers.

Comment proposeriez-vous de régler les rapports des patrons et des ouvriers ?

Je proposerais que par des conventions libres entre

patrons et ouvriers, les attributions du patron sur les bénéfices fussent réglées selon un rapport fixe entre la valeur du travail de direction et celle du travail d'exécution; que les ouvriers fussent engagés à l'année, au moins, en s'obligeant à respecter un règlement d'administration librement débattu avec eux; que les ouvriers pussent recevoir chaque semaine un minimum de salaire à titre d'à-compte et non à forfait; et que, à la fin de l'exercice, il y eût une répartition nouvelle des bénéfices selon le rapport proportionnel fixé au début de l'opération.

Quels avantages voyez-vous à ces propositions ?

Les avantages me paraissent nombreux: 1° Le patron n'est plus un maître absolu ne connaissant d'autre autorité que sa volonté variable et capricieuse. 2° Les ouvriers ne sont plus des mercenaires sans droits, obligés d'une part, d'obéir à la nécessité du travail et, d'autre part, d'obéir, dans le travail, à une autorité sans bornes. 3° Le patron, par cette organisation, ne perd rien de sa liberté, puisqu'il contracte volontairement, et rien de son autorité, puisque cette autorité est la loi même qui a été consentie par ses employés et ouvriers. 4° Les ouvriers sont relevés dans leur dignité et sans excuses dans leurs négligences vis-à-vis d'eux-mêmes et des autres ouvriers de la même usine. 5° Le patron et les ouvriers marchent ensemble dans un intérêt commun et les efforts de tous convergent vers la production dernière d'un plus grand bénéfice : le patron, par l'emploi des meilleurs procédés et par la meilleure administration ; les ouvriers par le meilleur emploi du temps, par le meilleur emploi de l'outil, par l'économie apportée partout, soit dans les mouvements, soit dans les dépenses de moteur, soit dans les dépenses de matière première. 6° La bonne conduite des ouvriers devient une affaire d'intérêt commun et la pression des ouvriers sur leurs coassociés devient plus efficace que tous les coups d'autorité exercés par les patrons. 7° L'usine devient un moyen d'union entre les hommes, un moyen d'ordre, un centre de moralisation par la liberté et par les services mutuels. Loin de rester une arène de combats violents, elle devient un cénacle d'amitiés réciproques. 8° Le renvoi des ouvriers irréguliers ou négligents ou inhabiles serait sollicité par les ouvriers eux-mêmes ; et en cas de faute grave dans l'exécution de ses devoirs, l'ouvrier condamné par ses pairs ne recevrait rien autre chose que le minimum convenu des salaires, en sortant de l'usine d'où il serait renvoyé.

Si l'ouvrier était attaché à l'usine au-delà de l'année, cela ne serait-il pas plus avantageux?

Plus l'ouvrier reste attaché à l'usine, plus cela est avantageux ; rien ne s'oppose à la continuation des mêmes rapports d'année en année, et d'ailleurs, il y aurait un moyen de l'attacher plus longtemps encore à l'usine. Nous indiquerons ce moyen après avoir étudié préalablement la question des risques.

Quels sont les obstacles principaux qui s'oppo-

sent à l'organisation industrielle que vous proposez?

Ces obstacles sont dans l'absence du principe moral dans les esprits. Le principe moral est de ne pas s'occuper seulement du respect de la loi écrite, de ne pas considérer comme droit moral ce que permet cette loi écrite et de ne pas puiser exclusivement ses mobiles dans son intérêt propre. Le principe moral est dans la juste harmonie des intérêts dans la liberté. Un autre obstacle, c'est le désir effrené de lucre, l'amour du luxe, l'amour de la domination qui se voient chez les patrons et pour qui tout est permis qui n'est pas expressément défendu par la loi. Mais les plus grands obstacles viennent des ouvriers: de leur insubordination, de leurs mauvaises habitudes, de leur inintelligence, de leur violence, de leur défiance outrée, de leurs impatiences. Tous ces obstacles rendraient les premiers essais difficiles et peut-être incomplétement heureux; mais bientôt la satisfaction que donnent les bons rapports, la sécurité, la facilité de surveillance, la rareté des actes d'autorité, la même préoccupation d'intérêt commun, la paix de tous et de chacun et enfin les bénéfices définitifs rendraient l'organisation industrielle on ne peut plus facile et agréable. En tous cas, ces obstacles relèvent de la liberté et peuvent par conséquent disparaître au gré de la volonté des hommes. Il ne tient qu'à eux de régler leurs sentiments par l'intelligence des rapports de justice sociale et de régler ensuite en conformité leurs tendances pratiques et leurs volontés. C'est pour laisser à la conscience de chacun le mérite personnel de l'accomplissement de la justice sociale que le souverain enlève à la compétence de la loi civile la réglementation de tous ces rapports qui sont du domaine de la liberté. En d'autres termes, le respect de la loi civile ne suffit pas pour mettre ordre aux intérêts sociaux, il faut encore respecter et pratiquer les préceptes de la loi morale. Le respect de la loi morale est la solution du problème social. Il faut que la mutualité et la réciprocité des intérêts fassent disparaître l'antagonisme actuel.

Par qui, tout d'abord, peuvent être entreprises les réformes équitables de l'organisation du travail ?

Ces réformes devraient être exécutées d'abord par les patrons, parce qu'ils ont plus de liberté d'action que les ouvriers. Leur puissance est supérieure et plus indépendante. Eux seuls peuvent proposer les réformes commandées par la justice, et ils en recueilleraient de grands avantages. Ce qui prouve la vérité de cette assertion, c'est le succès des entreprises où les patrons ont acquis l'amitié et le respect des ouvriers par l'accomplissement, même seulement partiel, de leurs obligations non pas seulement légales, mais encore morales.

Les ouvriers ne sont-ils pas coupables d'incapacité ou de mauvais vouloir ?

Les ouvriers sont malheureusement la principale cause de leur propre misère. Aussi égoïstes que les patrons, ils ne songent qu'à leur intérêt propre. Non contents d'être souvent ignorants, incapables et désordonnés, ils aggravent de plus en plus leurs fautes en s'abandonnant à des sentiments de haine contre la nature, contre la loi et contre l'ordre social. Témoins des jouissances que procure la fortune, ils oublient que la fortune acquise légitimement est du travail accumulé ; ils ne voient que leurs privations ; ils s'abandonnent à toutes les inspirations de l'envie ; ils oublient toute la dignité et la fécondité du travail ; ils le prennent en haine ; ils considèrent le patron comme un ennemi, l'usine comme une torture imposée par la ruse et la force, et ainsi animés, ils s'excitent entre eux à lutter par tous les moyens, même par la violence et par la destruction des conditions du travail.

La grande excuse des patrons n'est-elle pas légitimement dans les risques que courent dans l'entreprise, non-seulement leur capital, mais aussi leur part de travail ?

La question des risques mérite d'être soigneusement considérée. Il importe d'étudier de près la légitimité et l'intensité des risques ; de voir s'il y a quelque moyen de se prémunir et enfin si les risques industriels sont exclusivement dirigés contre le capital et contre le patron.

Quels sont les risques du capital ?

Le capital court des risques dans chacune de ses fonctions et des risques différents pour chaque fonction particulière.

Quels sont les risques de la propriété bâtie ?

L'incendie, l'inondation, la vétusté et la guerre. Mais

la guerre sera évitée si les patrons surtout et en général tous les propriétaires s'occupent de leurs intérêts politiques et établissent un gouvernement régulier. Ce risque frappe malheureusement aussi bien les ouvriers que les patrons. Tout le monde l'évitera par la sagesse politique dans l'exercice de ses droits souverains. — La vétusté est assez rarement la cause réelle de l'abandon des propriétés bâties livrées à l'industrie. Le plus souvent les changements et les renouvellements sont imposés par l'augmentation de l'entreprise. La vétusté du matériel n'a pas le temps de se produire et les frais généraux couvrent les dépenses qui résultent de ce chef. — L'inondation peut être prévue. On peut s'en défendre par sa prévoyance. En cas de surprise, il y a des assurances possibles au moyen d'une prime annuelle. — L'assurance couvre les risques d'incendie.

Quels sont les risques du capital employé dans l'outillage ?

Ces risques sont l'usure et l'insuffisance comme moyen pratique. La dépense d'entretien et de remplacement est portée aux frais généraux de l'entreprise. La première mise de fonds peut être portée en inventaire et les intérêts portés aux frais annuels.

Quels sont les risques de la matière première?

Il y a l'incendie et le laisser-pour-compte. L'assurance couvre l'incendie. Le laisser-pour-compte se règle par profits et pertes au bilan définitif de l'entreprise. Les laisser-pour-compte frappent très-justement le bénéfice général attribuable au travail. Il n'y a pas de capital engagé à ce sujet par l'industriel à façon. L'industriel pour son compte n'a que les mêmes risques. La marchandise façonnée répond de la matière première. Les profits ou pertes ne doivent pas frapper le travail, mais le côté commercial de l'entreprise. L'organisation de ces maisons à double effet exige des précautions particulières. Il en sera question plus tard.

Quels sont les risques que court la valeur de la clientèle ?

Ces risques sont nuls si le patron joint à la probité, la capacité personnelle et la bonne administration. Dans le cas contraire, les ouvriers eux-mêmes auraient un sort précaire dans la mesure même du succès de l'entreprise.

Quels sont les risques du capital engagé comme avances au travail ?

Ils sont nuls et garantis par la façon et même par la matière première. Lorsque tout cela est risqué dans une insolvabilité de la part de celui qui fait travailler, c'est que le chef d'atelier a manqué de la prudence qu'il doit apporter dans ses actions. Cette perte doit justement frapper le patron. L'ouvrier ne pourrait que bénévolement abandonner son bénéfice aléatoire et se contenter du salaire obtenu. Ce serait une rigoureuse compensation des pertes pour les patrons qui résultent des laisser-pour-compte dans lesquels la faute est plus strictement l'œuvre de l'ouvrier.

Tous ces risques donnent-ils au patron des droits particuliers ?

Il semble qu'en justice, aucun de ces risques ne puisse donner des droits particuliers au patron. Tous ces risques étant couverts comme je l'ai dit, le capital engagé ne me semble avoir qu'un droit ; c'est l'intérêt légal qui lui est alloué et qui dans le commerce est de 6 0/0.

Est-ce que les droits du patron en sus de l'intérêt légal ne seraient que l'honoraire de son travail personnel, soit dans la combinaison de l'entreprise, soit dans sa direction ?

Il me semble juste que le patron qui représente l'invention, l'installation spéciale, les relations acquises, la haute direction et une responsabilité réelle, malgré toutes les assurances prises contre les risques, ait droit à un honoraire sérieux ; mais cet honoraire doit être objet de conventions libres aussi bien que les salaires ; et le capital, comme capital, n'a droit qu'à ses intérêts légaux.

N'y aurait-il pas un moyen de diminuer tous les risques aux dépens du Capital et du Travail ?

Le taux légal d'intérêt du capital industriel est de 6 0/0 à cause des risques spéciaux que court cette propriété. Il serait donc juste de détourner des intérêts du capital, chaque année, 1 0/0 pour fonder un capital de réserve. D'autre part, il est certain que tous les risques réalisés sont des pertes pour le travail. Il est de l'intérêt du travail de les éviter même au prix de quelque sacrifice. Il suffirait pour cela de prendre sur les bénéfices un tantième

0/0 qui constituerait un autre fonds de réserve applicable à tous risques ou seulement à certains risques et dans une mesure déterminée. La portion de cette dernière réserve, émanant du travail d'exécution serait déclarée insaisissable pour tous autres risques que ceux fixés par le règlement de l'usine.

Cette fondation ne serait-elle pas une difficulté pour les ouvriers qui volontairement ou par force quitteraient l'usine ?

Chaque ouvrier deviendrait certainement propriétaire d'une partie du fonds de réserve. Le tout étant représenté par un titre fixé annuellement, et donnant droit à intérêts; si un ouvrier quittait l'usine, il resterait propriétaire du titre de la retenue faite sur lui et pourrait ou le garder ou le négocier, soit avec le patron, soit avec tout autre ouvrier de l'usine.

Quels seraient les avantages de cette fondation ?

De cette façon, les ouvriers consolideraient la sécurité de leur position ; ils assureraient leur travail même dans les cas où se produisent les stagnations d'affaires; en cas de destruction de l'usine par incendie ou autrement, ils viendraient au secours du patron pour la reconstitution de l'entreprise, enfin ils s'attacheraient de plus en plus au sort et au succès de leur industrie.

Comment ce système d'organisation des rap-

ports des ouvriers et des patrons pourrait-il être institué ?

Il ne peut être institué que par la bonne volonté de chacun. Les premiers exemples porteraient bientôt leurs fruits.

Ce système aurait-il des avantages industriels ?

Indépendamment de tous les avantages sociaux qui résulteraient de cette organisation, l'industrie y trouverait une sécurité toute nouvelle ; la fortune générale augmenterait très-rapidement et, avec elle, les transactions multipliées de l'aisance générale, transactions bien plus importantes que celles du luxe excessif de quelques privilégiés ; enfin la production elle-même acquerrait les qualités les plus solides sous l'influence d'une meilleure exécution amenée par l'attention spontanée de tous les ouvriers.

Cette organisation serait-elle applicable à toutes les industries ?

Cette organisation est certainement applicable à toutes les industries à façon. Quant aux industries compliquées de commerce direct, nous en étudierons l'organisation quand nous aurons étudié les conditions de la justice commerciale.

Art. 8.

INTÉRÊT

Qu'est-ce que l'intérêt du Capital ?

L'intérêt est le prix de location du capital.

L'Intérêt est-il une chose juste ?

Le capital est une puissance qui appartient à celui qui le possède; la cession de cette puissance sous forme de prêt est un sacrifice fait par le capitaliste pour augmenter la puissance de l'emprunteur; il est juste que ce sacrifice soit compensé; c'est à produire cette compensation qu'est employé l'intérêt. On loue légitimement sa terre, on loue légitimement sa maison, on loue légitimement son cheval, on loue aussi légitimement son capital.

Quel est le prix légitime de location du Capital ?

Il n'y a pas de règle fixe qui permette d'apprécier, d'une part, la valeur du sacrifice fait par le prêteur et, d'autre part, la valeur des avantages de l'emprunteur. Tout cela varie avec les circonstances et devrait être laissé aux transactions de la liberté. Cependant, le capital libre est une puissance si grande qu'il devient souvent une force indignement oppressive par l'exclusivisme de son intérêt. Afin d'empêcher des abus criants, la loi civile a fixé le taux légal de location du capital.

Quel est le taux légal de l'intérêt ?

Il est de 5 pour 0/0 l'an, dans les transactions communes, et de 6 0/0 dans les transactions commerciales. Il est de beaucoup supérieur dans certaines opérations de banques.

Quel est le moyen général d'abaisser le prix de location du capital ?

C'est la sécurité qu'on lui assure et la liberté que l'on donne au prêteur de rentrer dans ses fonds à toute demande de sa part. C'est justement là le procédé des banques.

Art. 9.

CRÉDIT

Qu'est-ce qu'on appelle crédit?

Le crédit est un mode de rapports sociaux que permet seule une société régulière et bien organisée. C'est un des modes d'exercice de la liberté dont les applications et les avantages sont les plus sérieux. Il consiste dans la confiance réciproque que s'accordent les citoyens dans leurs relations commerciales et par suite de laquelle ils exécutent les échanges, les ventes et les locations non plus en remplissant immédiatement les conditions des transactions, mais en remettant l'accomplissement de ces conditions à un temps plus ou moins éloigné du moment de la convention.

ART. 10.

PRÊT

Le prêt hypothécaire, le prêt sur gage sont-ils des opérations de crédit?

Le prêt hypothécaire, le prêt sur gage, et les avances sous forme de warants par les magasins généraux sont aussi peu que possible des opérations de crédit. Dans ces transactions, le rôle de la confiance dans l'honorabilité des personnes est presque nul. Les risques sont eux-mêmes ordinairement presque nuls. Ces opérations ne rendent pas moins de très-grands services et il est juste qu'une rémunération compense ces services reçus. A ce point de vue, l'intérêt et les commissions sont légitimes.

Quel est le rôle de l'Etat dans ces transactions?

L'Etat fixe les formes d'authenticité des conventions; il donne autorité aux droits exercés devant les tribunaux, dans les difficultés qui surviennent entre les contractants, mais il ne doit aucunement gêner, sur ce sujet, la liberté des citoyens.

Art. 11.

BILLETS A ORDRE — VALEURS COMMERCIALES

Qu'appelle-t-on billet à ordre?

On appelle ainsi un titre de dette écrit et signé de la main d'un débiteur et portant obligation de payer à une époque consentie une somme fixée, régulièrement due, soit entre les mains de la personne vis-à-vis de laquelle la dette réelle a été directement contractée, soit entre les mains d'une autre personne à qui le titre a été régulièrement remis pour jouir des droits qu'il confère.

Le billet à ordre est-il un moyen de crédit?

Le billet à ordre est un moyen de crédit. Il suppose une confiance personnelle de solvabilité au moins pendant un délai déterminé. Cependant le billet à ordre met des limites strictes et sévères à la confiance accordée librement. Au delà de la limite, la dette devient rigoureusement exigible.

Quel est le rôle de la loi dans ce cas ?

La loi respecte la liberté des contractants. Elle exige

seulement que tout soit régulier dans l'intérêt des tiers. Elle impose pour cela les conditions d'authenticité, de validité et d'exécution légale des conventions dont le billet à ordre est le titre.

Qu'appelle-t-on valeur commerciale?

C'est un titre de transactions volontairement contractées entre patentés et portant obligation, de la part d'un patenté, de payer, à une date déterminée, une somme régulièrement fixée et valablement représentative d'une marchandise livrée ou d'un travail accompli. Ce titre, qui prend le nom de valeur, joue rôle de monnaie de banque dans les transactions commerciales et devient exécutoire contre les débiteurs successivement substitués, dans leur ordre de substitution, jusqu'au premier qui l'a souscrit et qui alors en répond sur sa fortune tout entière.

Quel est le rôle de la loi en ce qui regarde les valeurs?

C'est le même rôle de régularisation de la forme et de protection des droits des tiers que dans le cas de billets à ordre.

Qu'est-ce qu'une obligation simple?

C'est un titre librement consenti par un débiteur en faveur de son créancier. Ce titre n'est soumis à aucune forme légale; il ne donne aucun droit d'exécution rigoureuse au créancier et il reste un acte de crédit beaucoup plus confiant que la valeur commerciale ou le billet à ordre.

Art. 12.

CRÉDIT SIMPLE

Existe-t-il encore d'autres formes de crédit?

La confiance réciproque des citoyens engendre beaucoup d'autres formes de crédit. Ainsi le prêt simple, le prêt sur parole, la vente sur facture et inscription simple aux livres de commerce sont des formes de plus en plus larges de crédit volontairement accordé. La loi ne s'oppose à aucune de ces formes et laisse à la liberté le soin de régler à sa guise ses intérêts particuliers. La loi ne s'en occupe qu'en cas de conflits entre les contractants et ne s'oppose qu'au mensonge, au faux et au déni de dette lorsque la vérité des contrats écrits ou non peut être établie.

La loi oblige-t-elle à contracter toujours par écrit?

Non, le contrat est considéré comme réel et parfait

quand il y a consentement des parties. La loi n'a donc aucune raison d'obliger à passer les contrats par écrit; mais c'est une sage mesure, même avec les personnes les plus honnêtes, de libeller ses contrats par écrit.

Quels sont les devoirs des citoyens dans les transactions commerciales relatives aux institutions de crédit?

Le débiteur doit procéder avec prudence et exécuter avec la plus scrupuleuse exactitude tous ses engagements. Le créancier doit exercer ses droits avec humanité et bienveillance.

L'exactitude dans l'exécution des paiements que l'on s'est obligé à faire est-elle d'un intérêt général?

Le caractère des institutions de crédit est de rendre les commerçants solidaires les uns des autres dans une grande partie de leurs opérations. Le crédit réciproque est un grand moyen de multiplier les affaires sans multiplier autant les capitaux. Or, tous ces services qui donnent une grande activité au commerce et à l'industrie ne peuvent se maintenir si l'exactitude manque à remplir ses engagements. C'est donc un véritable intérêt général qui doit commander à chacun l'exactitude que la justice impose, même au seul point de vue particulier.

Comment les procédés de crédit rendent-ils les commerçants solidaires les uns des autres?

Tel commerçant qui vend à crédit, achète lui-même à

crédit à un troisième qui se trouve dans les mêmes conditions. Dans le délai donné habituellement pour le remboursement, les intérêts s'enchevêtrent ainsi entre les commerçants les plus éloignés. Tous les rapports s'établissent et se réalisent sans danger comme si le commerce était fait au comptant, mais c'est à la seule condition que tout le monde exécutera fidèlement et exactement ses obligations. L'inexactitude de l'un rend inexact un second, celui-ci, un troisième et ainsi de suite de manière à troubler profondément la sécurité commerciale dans une grande étendue.

Est-il sage pour un commerçant d'engager son avenir dans une série d'obligations qui embrassent tout son capital disponible?

Non. Bien que l'exactitude des débiteurs soit la règle, il se rencontre néanmoins, de temps en temps, des désordres financiers qu'il faut prévoir de manière à n'en être pas victime. Pour cela, il faut toujours avoir à sa disposition un capital disponible pour couvrir sa situation dans un embarras momentané. Cette précaution est plus qu'un acte de prudence à profit personnel ; c'est un acte de prudence à profit général pour la société où l'on vit.

Montrez comment le crédit réciproque est un grand moyen de multiplier les relations commerciales?

Tout commerçant, par le fait du crédit dont il peut normalement user, peut, non seulement, engager dans les affaires son capital disponible, mais il peut ajouter à ce capital la valeur des avances qu'il trouve dans le crédit. Il en résulte que la force de la nation, au point de vue du commerce, n'est pas seulement égale au capital réel dont elle dispose, mais bien égal au capital qu'elle négocie. C'est une augmentation de puissance pour chacun et pour la société entière, et augmenter sa puissance légitime c'est augmenter sa liberté et son bonheur. C'est dans ce grand intérêt général que la loi s'est inspirée pour imposer des formes et des mesures d'exécution dans la constitution des actes de crédit, dans leurs voies de négociation et dans leur mode d'exécution judiciaire.

ART. 13.

BANQUES

Mais si chaque commerçant garde en caisse une portion de capital disponible n'y a-t-il pas, de ce fait, une perte de puissance par inactivité et improductivité du capital?

Il existe des établissements particuliers de dépôt, d'avances et de crédit en compte courant dans lesquels chaque commerçant trouve 1° le placement du capital qu'il veut garder en disponibilité et qui lui rapporte intérêt; 2° le capital dont il a accidentellement besoin au-delà de ses prévisions régulières, ou qui lui est rendu nécessaire par l'inexactitude d'un débiteur. Ces établissements sont les banques particulières.

Quels sont les services sérieux que rendent les banques?

Les maisons de banque sont des intermédiaires entre

les commerçants ; elles rendent lucratif le capital disponible qui resterait improductif dans la caisse des commerçants ; elles prêtent secours et assistance dans les nécessités imprévues et permettent aux institutions de crédit de s'exercer avec la plus grande sévérité sans gêner la liberté des commerçants et sans nuire à leur sécurité ; enfin elles solidarisent entre les commerçants les services du capital disponible qui par leur moyen peut être moins important.

Les banques se bornent-elles aux opérations dont vous parlez ?

Les banques devraient se borner aux opérations que je viens d'indiquer. En s'écartant de ces services jusqu'à laisser faire ce qu'on appelle des découverts ; elles compromettent la sécurité du commerce en se compromèttant elles-mêmes.

Qu'appelez-vous découvert ?

On appelle ainsi la somme que doit un commerçant à une maison de banque qui, non seulement a rendu à ce commercant le capital disponible qu'il avait déposé, mais qui a reçu une avance à titre de crédit sans garantie matérielle.

Est-ce que vous proscrivez entièrement les services de crédit rendus par les banques ?

Non ; mais ces services de crédit et toutes les autres opérations frappées d'aléa qu'exécutent les maisons de banque nuisent à la sécurité du commerce autant peut-être que leurs services réguliers peuvent lui être avantageux.

Serait-il bon que les rapports des banques et des commerçants fussent réglés par la loi?

Non. Il faut laisser à la liberté le soin et la responsabilité de ses actes de crédit et de négoce. Les opérations de crédit n'ont pas d'ailleurs un caractère d'universalité d'application qui les rende régulièrement l'objet d'une loi.

En quoi réside le plus grand danger des maisons de banque?

Il est dans la pratique du banquier de faire fructifier les dépôts de capitaux disponibles qui sont mis entre ses mains. Si le banquier se contentait d'être un dépositaire fidèle du capital qu'on lui remet en garde et qu'il prît pour cela commission, sans donner intérêt aux déposants, ceux-ci n'auraient qu'à perdre en ne gardant pas leur capital disponible dans leur caisse. Mais ils ont intérêt à faire leur dépôt parce que le banquier en tire lui-même bénéfice. Or, le banquier tire souvent des bénéfices en faisant des découverts à des commerçants qu'il juge solvables et à ses risques ou en engageant les capitaux dont il dispose dans des entreprises chanceuses et en particulier dans les agiotages de la Bourse.

Voilà le côté scabreux des institutions de crédit connues sous le nom de banques.

Art. 14.

COMPTOIRS D'ESCOMPTE

Est-ce que les banques ne font pas encore d'autres opérations ?

Les banques font encore une autre opération qui prend le nom d'escompte. Mais pour ces dernières opérations, il y a des institutions qui bornent à cela leurs opérations et qu'on appelle pour cette raison : Comptoirs d'escompte.

Quel est le rôle des Comptoirs d'escompte ?

Les comptoirs d'escompte sont de véritables maisons de commissions financières, servant d'intermédiaires entre les négociateurs soit pour l'expédition des valeurs, soit pour les informations de solvabilité, soit pour les recouvrements amiables, soit pour la poursuite en cas de non paiement. Les comptoirs d'escompte centralisent les relations financières d'une ville et même d'une contrée au plus grand avantage de la sécurité des affaires.

Sont-ce là des institutions que doive régler la loi ?

Ce sont des institutions qui relèvent de la liberté et non de la loi. La loi les règle seulement dans leurs formes et dans les délits qui en relèvent.

La Banque nationale ne fait-elle pas aussi l'escompte et les recouvrements ?

Comme la banque nationale est d'un côté une entreprise particulière, elle a pu sortir de ses premières attributions naturelles en y joignant l'escompte et les recouvrements ; mais comme aussi la banque est une institution d'intérêt public et privilégiée par l'Etat, elle ne peut recevoir à négocier que des valeurs particulièrement garanties par certaines mesures spéciales de sécurité, comme les trois signatures, etc.

Existe-t-il d'autres institutions de crédit et de finances ?

Il existe encore des agences d'affaires de toutes espèces c'est-à-dire des agences d'affaires proprement dites, souvent spécialisées à certaines affaires exclusivement et les agences de bourses, tenues par les agents de change.

Art. 15.

BOURSE

Qu'est-ce que la Bourse?

On appelle bourse un marché public où se négocient, soit au comptant, soit à terme, les contrats à profit servant de titres de propriété dans des entreprises en cours d'exécution ou les titres de rentes souscrits par l'Etat en reconnaissance de prêts faits par les particuliers.

Quel est l'intérêt public de l'établissement des Bourses ?

Les dettes de l'Etat, bien différentes des dettes particulières, par la volonté même des gouvernements, ont été consolidées, c'est-à-dire rendues non exigibles. Ces dettes contractées envers les particuliers sont divisées en titres de rente qui représentent une chose fixe : la rente et une chose variable avec les opinions : le capital. Les propriétaires des titres de rente peuvent avoir besoin de rentrer en possession de leur capital. Ils ne le peuvent pas en s'adressant à l'Etat, qui a consolidé sa dette ; ils ne le peuvent qu'en substituant un particulier à eux comme créancier de l'Etat. Ces opérations s'exécutent par l'intermédiaire d'un agent autorisé exclusivement, l'agent de change, et en un lieu public, la Bourse, où toutes les négociations doivent se produire au grand jour. L'agent de change et la Bourse sont des moyens d'authenticité institués par le gouvernement pour préserver le crédit de l'Etat, c'est-à-dire, pour maintenir la confiance dont il a besoin comme débiteur des rentes et du capital.

Les cours des rentes de l'Etat sont donc le signe et la mesure de la confiance que les particuliers ont dans l'Etat ?

En effet, le haut prix que publiquement on accorde aux titres de rente est une preuve de la confiance des acquéreurs et une mesure approximative de cette confiance. Or, cette confiance n'a pas pour base une plus grande certitude d'être remboursé, puisque la dette est consolidée ; mais elle a pour base la sécurité de l'Etat et le développement de la richesse publique ; de telle façon que le taux de la Bourse est bien, en une certaine mesure, le thermomètre de la richesse nationale et de la confiance publique.

La haute valeur des cotes de la Bourse et le développement de la richesse publique sont-ils

une preuve certaine de la force, de la légitimité et de la sécurité d'un gouvernement ?

Non ; tout cela n'a qu'une valeur relative, et, malgré les précautions prises pour l'authenticité et malgré la liberté des actes de Bourse, il s'en faut bien que tout y soit loyal et régulier. La Bourse est un tripot, où se produisent les malversations les plus répréhensibles et par conséquent les cotes de la rente ne prouvent ni la force vraie, ni la légitimité, ni la sécurité du gouvernement. D'un autre côté, le développement de la richesse publique n'est que le produit du travail des citoyens. Il est bien vrai que ce travail et surtout le négoce ne se développent que par la confiance générale ; mais l'histoire démontre que la confiance et le succès des affaires ne sont pas une preuve ni de force, ni de probité, ni de sécurité pour un gouvernement. Il n'y a de force, de légitimité et de sécurité pour un gouvernement que s'il est le représentant et l'exécuteur des volontés du souverain, c'est-à-dire du pays, si le souverain a établi de sages institutions conservatrices de la stabilité et de la justice ; si dans le domaine de la liberté la masse de la nation est fidèle à la loi de justice morale, et si dans le choix de ses représentants elle écarte les incapables, les vaniteux et les fourbes ou les cupides.

Qu'entendez-vous par les contrats à profit qui servent de titres de propriété dans des entreprises en cours d'exécution et qui se négocient à la Bourse ?

Un grand nombre d'entreprises d'intérêt public ou

d'intérêt général, comme les chemins de fer, les ports, les canaux, les exploitations de mines, etc., etc., sont exécutées par des sociétés de capitalistes qui n'ont entre eux aucun rapport personnel nécessaire. Les capitalistes gardent l'anonyme et les capitaux se réunissent en prenant forme, titre et valeur d'actions. Ces actions donnent une part de droits et une part de responsabilité dans l'entreprise et par conséquent une part de bénéfices. On peut librement négocier ces actions, mais on peut aussi les négocier à la Bourse de la même façon que les titres de rente sur l'Etat. C'est encore là un des éléments réguliers du marché public des valeurs d'intérêt commun, dont la Bourse est le siége et dont les agents de change sont les intermédiaires légaux.

Est-ce qu'il y a quelque chose d'illégitime dans ces diverses opérations de Bourse que vous venez d'indiquer ?

Naturellement, et dans les prévisions premières de la loi qui institua la Bourse et les agents de change, il n'y avait rien que de très légitime. C'était une mesure de facilité d'affaires et de sécurité d'exécution, en même temps qu'une précaution en faveur de l'Etat, d'un côté, et du public, de l'autre. Cependant l'idée de consolider la dette de l'Etat, l'idée de perpétuer des rentes que les événements de l'avenir doivent nécessairement augmenter de plus en plus, ne peut être une mesure de sagesse pour le gouvernement, que si, par une autre mesure, il rembourse véritablement ses créanciers, ne gardant que ce simple privilége d'intérêt public de ne pouvoir, en aucun cas, être exécuté et poursuivi par ses créanciers, du moment où il acquitte régulièrement les rentes. Il s'en faut que l'Etat fasse régulièrement des remboursements ; aussi ses dettes augmentent-elles d'une façon effrayante. Il y avait bien une caisse d'amortissement qui devait jouer ce rôle annuellement au moyen du budget ; mais, sous prétexte de nécessités impérieuses et toujours renouvelées, la caisse d'amortissement ne fonctionne que comme un souvenir et pour mémoire. Un gouvernement monarchique ne peut, sur ce point, donner les garanties d'un vrai gouvernement du pays par le pays. D'autre part, la surveillance des opérations de Bourse et des agents qui les exécutent appartenant à l'Etat, est accomplie en réalité par le gouvernement et par ses agents. Etant donnée l'influence que les ministres du gouvernement et leurs adhérents, presque tous capitalistes, peuvent exercer sur les relations des peuples entre eux et sur les administrations des entreprises d'intérêt commun, il arrive que les événements capables de modifier les valeurs de Bourse, se produisent au gré de quelques hommes cupides et puissants : ainsi disparaît le bénéfice de la publicité et du ministère légal des agents de change dans la cote des valeurs. Cette cote varie au gré des intrigues et non en raison de la nature des vrais rapports. Indépendamment du tripotage exercé par les agents du gouvernement, la Bourse obéit encore à volonté aux capitalistes excessivement puissants qui, en accaparant la direction des affaires, les modifient à leur gré et manœuvrent la hausse et la baisse au bénéfice de leur lucre personnel.

Auriez-vous encore d'autres reproches à adresser aux institutions et aux actes de Bourse ?

Oui, la Bourse est devenue la source immense et ténébreuse de toutes les malversations et de l'exploitation la plus éhontée de la propriété non négociable, c'est-à-dire du travail et de toutes les propriétés qui ne peuvent devenir valeur de Bourse. Je reviendrai sur cette accusation quand nous aurons étudié de plus près le commerce proprement dit et le commerce combiné à l'industrie dans une même entreprise.

Art. 16.

COMMERCE

Qu'est-ce que le commerce ?

On appelle commerce l'ensemble des transactions qui s'exécutent au moyen des conventions libres et qui ont pour objet toutes les propriétés réelles. Le commerce emploie deux procédés : l'un qui est l'échange direct, l'autre, l'échange avec la monnaie réelle ou les valeurs représentatives, ce qui s'appelle vente et achat.

Quelle est l'utilité ou la nécessité sociale du commerce ?

Sans les échanges entre les hommes, les bénéfices de la société seraient irréalisables. Le travail serait possible; la possession du produit pourrait être respectée ; ce produit pourrait être abandonné en don; mais réduite à ces conditions de civilisation pratique, la société ne pourrait diviser les travaux en fonctions sociales, et de cette manière, l'obligation, pour chacun, de subvenir lui-même à tous ses besoins empêcherait l'apprentissage, bornerait l'expérience et l'habileté, supprimerait les loisirs et tout ce qui résulte des loisirs : les sciences, les arts, les beaux-arts, anéantirait les jouissances sociales et fixerait l'humanité dans un état de civilisation rudimentaire infranchissable. Par les échanges, le travail de l'homme se spécialise, l'habileté naît, ainsi que l'enseignement, l'apprentissage, le progrès; les loisirs se produisent et, avec les loisirs, tout ce qui en est le résultat. Tout cela résulte de ce que le produit du travail peut être échangé. Le cultivateur change son blé pour de la farine, pour une maison, pour des habits, pour des chaussures, pour des bois, etc. Le meunier paie de sa farine tous les objets dont il a besoin. L'épicier change les produits voisins pour des produits lointains : il procure à chacun et sans souci pour personne : le sucre, le sel, le poivre et les produits les plus éloignés, etc. Le médecin étudie pour tout le monde l'art de se guérir des maladies, il donne aux familles ses connaissances si utiles et en reçoit en échange les produits qui lui sont nécessaires, etc. De cette façon la société est réellement fondée par des rapports de services mutuels et réciproques, les besoins et les intérêts se combinent dans des besoins généraux et des intérêts universels, la solidarité est fondée, et la loi du bien se dégage avec une évidence brillante dans la formule : être en même temps utile à soi-même et aux autres. Non seulement les nations deviennent des sociétés civilisées et progressives, mais la même loi peut faire de l'humanité un peuple de frères.

Quelle est la loi de justice du commerce?

Le commerce est soumis à la loi de la liberté ; elle seule peut régulièrement déterminer les rapports commerciaux. Mais si la loi civile abandonne les conventions commerciales à la liberté, ces conventions sont soumises à toutes les prescriptions de la loi morale.

Comment peut-on diviser les actes commerciaux?

Le commerçant échange ou vend ses propriétés personnelles ou les produits de son travail. Dans les deux cas, il obéit à sa liberté, et doit respecter la liberté du contractant. Dans les deux cas aussi, le vendeur a le droit de prélever un bénéfice, et c'est la source, la raison et la quotité proportionnelle de ce bénéfice qui sont l'objet des plus sérieuses considérations morales.

Quelle est la limite de bénéfice que le commerçant puisse prélever sur son produit ou sa propriété?

En général, tout prix librement débattu, sans détour, sans mensonge, sans abus d'ignorance ou de confiance est légitimement acquis pour le producteur. Tout bénéfice, librement accordé et légalement débattu, est légitime, quand il s'agit d'un produit commercial ou d'une propriété.

Le commerçant qui ne montre pas les défauts de son produit ou de sa marchandise est-il coupable?

Le commerçant ne peut être obligé par la loi morale

de montrer le défaut de sa marchandise, s'il en existe. Il n'est pas obligé d'agir contre son intérêt ; il lui suffit de n'employer ni ruse, ni duperie, ni mensonge pour tromper son client. Quand ce client se déclare incompétent pour juger la marchandise et s'en rapporte à la bonne foi du commerçant, celui-ci doit faire connaître la vérité en conscience ou refuser la transaction dans ces conditions et engager le client à prendre un expert. Le commerce suppose, entre les contractants, une capacité suffisante : c'est de règle pratique ; autrement, l'erreur de bonne foi que peut commettre un commerçant, dans une transaction de confiance, pourrait lui être reprochée comme une tromperie volontaire : chose nuisible aux bonnes relations du commerce.

Y a-t-il une limite maxima pour le bénéfice, au-delà de laquelle l'excès serait illégitime ?

Ni la loi civile, ni la loi morale ne peuvent fixer, à l'avance et en principe, des limites à la légitimité du bénéfice. La liberté dans la résolution, la vérité dans les débats, la loyauté dans la pratique sont les seules règles qu'impose à ce sujet la loi morale. Quand, par ignorance évidente, par inadvertance certaine, par une confiance absolue, l'un des contractants conclut un marché onéreux, la liberté lui manque, et l'autre contractant doit : ou le rappeler à son rôle, ou lui demander de s'adjoindre une personne capable, ou enfin s'obliger lui-même au respect le plus strict de ses droits personnels sans les exagérer.

S'il se produit une erreur involontaire dans l'acte de l'un et de l'autre contractants, qu'est-ce qu'il est juste de faire?

L'erreur ainsi commise doit être réparée par celui au bénéfice duquel l'erreur a été commise et la réparation doit s'étendre jusqu'au dommage qui a pu en résulter, si la victime de l'erreur le réclame.

Par quel moyen social la société se défend-elle contre les abus de bénéfice que pourraient s'adjuger les commerçants?

Quand le contrat s'est fait de confiance, la loi autorise la demande d'expertise. Quand le contrat est supposé débattu, la loi ne s'interpose aucunement ; mais l'abus commercial posssible est arrêté par la concurrence libre.

Art. 17.

CONCURRENCE

Qu'est-ce que la concurrence?

La concurrence réside dans la multiplicité des commerçants qui produisent ou vendent les produits de même nature. Les acquéreurs pouvant aller librement acheter, chez l'un ou chez l'autre, et le bénéfice étant en raison des affaires, il en résulte que ceux qui vendent le plus, peuvent vendre à meilleur marché et que les prix se régularisent et ne dépassent pas une mesure modérée.

Est-ce que la concurrence est un juste moyen de régularisation des prix de commerce?

Considérée comme lutte entre les commerçants, la concurrence est un acte de guerre entre les concitoyens et comme tel, c'est un acte opposé à la paix et aux rapports de bonne volonté qu'il faut rechercher entre les hommes. Mais, d'un autre côté, la concurrence étant, de la part de chaque commerçant, un acte de liberté individuelle, avantageux à la liberté générale et aux intérêts de tous, elle devient un acte juste et légitime. C'est à ce point de vue que la concurrence est d'un intérêt social immense et c'est à ce titre qu'elle est protégée par la loi. Tout acte de concurrence produit comme tel, par le sacrifice de l'intérêt personnel et pour nuire à l'intérêt d'un concurrent est immoral en soi, quoiqu'il se résolve en avantage pour un tiers. Il est destructif de la loi du bien, qui seule peut être universellement appliquée, c'est-à-dire : que l'acte du particulier doit être avantageux à l'agent lui-même et aux autres. Tout acte de concurrence, qui résulte d'un commerce loyal, exécuté dans de meilleures conditions matérielles, est juste et respectable : c'est la source d'un des plus grands progrès sociaux.

Quel serait le meilleur moyen de régulariser les actes de commerce ?

Ce serait de ne les exécuter qu'au comptant. Les citoyens, les plus dignes d'intérêt dans la société, n'ont, comme moyen d'échange, que leur travail de chaque jour : ceux-là sont presque obligés au comptant ; le crédit ne leur est guère accordé. Ils sont d'ailleurs condamnés à n'acheter qu'au détail, et de ce côté, ils subissent les plus hauts prix, qui résultent de l'interposition du plus grand nombre des intermédiaires, que la commodité des relations place entre le consommateur et le producteur. Le plus grand nombre, les plus dignes de la préoccupation des lois, ceux qui n'ont d'autres ressources que le travail quotidien, ne peuvent profiter du crédit. Nous allons voir qu'ils sont victimes du crédit accordé aux classes qui possèdent. En effet, le commerçant qui achète, pour revendre, paie d'autant plus cher qu'il fait crédit ; il est obligé d'augmenter son bénéfice, du prix du crédit qui lui est accordé, et ainsi de suite, jusqu'au producteur; c'est donc le consommateur, qui subvient aux bénéfices du travail de chaque commerçant et qui est chargé des augmentations de valeur, imposées par le crédit accordé. Mais la classe qui n'a pas de crédit, ne trouve de compensation, par réciprocité, nulle part ; il en résulte qu'elle est véritablement victime du crédit. Il y aurait donc plus d'égalité entre les citoyens, si le crédit n'était pas pratiqué et si tous les actes de commerce étaient faits au comptant. Le crédit est la source de tous les agiotages, de toutes les irrégularités de bénéfices, de toutes les inexactitudes, de toutes les faillites et de la plupart des contestations et procès ou exécutions violentes; il est encore, à ce point de vue, plutôt une institution regrettable qu'une institution avantageuse. Cependant le crédit est d'un autre côté si commode à tout le monde que du moment où il peut être pratiqué sans abus, il doit être conservé comme une grande source d'activité et de progrès pour la nation.

Quels sont les avantages du crédit?

Le crédit établit des relations de confiance personnelle entre les citoyens. Le crédit est un encouragement à la moralité commerciale. Le crédit permet de secourir l'impuissance et le manque de fortune ou même l'infortune accidentelle ; il devient un moyen d'union amicale et fraternelle entre les hommes. Grâce au crédit, le caractère, la bonne conduite, la moralité, le talent, l'intelligence deviennent de véritables valeurs qui entrent en activité commerciale et peuvent augmenter et multiplier les richesses et les jouissances nationales. Le crédit augmente d'autant le capital lucratif de chaque commerçant, par conséquent de toute la nation. Le crédit enfin peut exécuter toutes ses attributions sans entraîner forcément les abus qu'on lui reproche. De telle façon que, si la suppression du crédit et les transactions au comptant régularisent commodément les actes de commerce, cette suppression en diminuerait considérablement l'activité et les résultats avantageux.

Quelle est la meilleure préservation contre les abus du crédit?

La préservation contre les abus du crédit se rencontre dans la réunion des deux faits suivants : 1° que le crédit est facultatif, 2° que la concurrence est libre. En effet, de ce que le crédit est facultatif, il en résulte qu'il ne s'impose à personne et qu'il n'est véritablement refusé à personne, ni par la loi ni par les institutions. De ce que la concurrence est libre, il s'en suit qu'un commerçant qui traite au comptant et qui, par là, supprime le prix du crédit, peut vendre à meilleur marché et abaisse par conséquent le prix du produit. Si cette concurrence légitime fixe le taux de la marchandise, chez tous les commerçants de même espèce, l'augmentation du prix, résultant du crédit, disparaît. Si le taux des marchandises reste inférieur chez le commerçant qui traite au comptant, chacun est libre de se fournir chez lui exclusivement.

Quels conseils donneriez-vous aux ouvriers qui vivent au jour le jour de leur salaire, pour leur éviter les abus du crédit et du détail?

Jusqu'à ce que la pénurie du travailleur et son manque de crédit deviennent exceptionnels, il peut éviter l'enchérissement des marchandises, au détail et à crédit, en achetant toujours au comptant, soit en s'unissant avec ses concitoyens, pour acheter, en commun, les marchandises de première nécessité qui se vendent en gros et qui sont susceptibles de partage égal entre eux, soit en économisant, d'avance, le prix des autres objets de première nécessité qui ne peuvent être achetés en commun.

Art. 18.

MARCHÉS A LIVRER

De même que l'on achète les marchandises à terme, ce qui constitue une forme d'activité du crédit, ne peut-on pas acheter à l'avance des produits qui ne seront livrés que plus tard?

Oui, c'est ce que l'on appelle marchés à livrer. Dans un marché à livrer, un fournisseur s'oblige à remettre, à une époque fixée et à un prix convenu, une quantité déterminée de marchandises, spécifiées dans leur qualité et dans toutes les autres conditions débattues d'un marché à livraison immédiate. C'est un acte de crédit réciproque dans lequel le vendeur a confiance dans l'avenir de la solvabilité de son client et dans lequel celui-ci a confiance dans l'expéditeur, pour l'exécution réservée des conditions du marché.

Les marchés à livrer sont-ils réguliers et légitimes ?

Ils sont réguliers, du moment où l'intérêt public est

sauvegardé et où la liberté et la loyauté de chacun des contractants ont été respectées de part et d'autre.

Un commerçant qui passe des marchés à livrer supérieurs à ses besoins et qui les recède à bénéfice, commet-il un acte juste et permis ?

Il n'y a rien de répréhensible dans cet acte, attendu qu'il est basé sur la réalité des marchandises et sur la liberté d'approvisionnement qui est d'ailleurs avantageuse à la consommation. Le commerçant, qui contracte un marché à livrer, peut risquer la hausse et la baisse, quand il le fait en liberté : et, dès lors qu'il aurait accompli ses obligations en perdant, il peut profiter de son marché s'il replace à bénéfice.

Ces sortes de marchés ne sont-ils pas sujets à de graves inconvénients ?

L'abus des marchés à livrer est considérable et prend le nom d'agiotage. C'est le même abus des opérations fictives qu'il nous reste à reprocher à la Bourse.

Art. 19.

AGIOTAGE

Qu'est-ce que l'on appelle agiotage?

L'agiotage est le commerce de propriétés fictives; c'est encore, sous forme spécieuse d'approvisionnements, l'acquisition de marchandises qu'on achète à livrer et sur lesquelles on veut seulement déterminer une hausse de cours, pour en tirer un bénéfice artificiellement produit.

L'agiotage est-il une opération légitime que la loi puisse abandonner à la liberté des transactions?

L'agiotage est illégitime, parce qu'il est contraire à l'intérêt général. A la rigueur, l'agiotage peut être considéré comme un acte de commerce librement consenti entre deux contractants, et si l'un des deux se soumet librement à perdre, il semble que la conscience de celui qui gagne ne peut en être blessée. Mais cet acte serait évidemment contraire à la loi du bien, même quand le résultat serait indifférent pour la société; il est réellement bien plus coupable, puisqu'il est forcément contraire, d'abord à l'intérêt d'un des contractants, mais ensuite réellement à l'intérêt général.

Montrez que l'agiotage est contraire à l'intérêt général et à l'intérêt d'un des contractants ?

Dans la société, et surtout dans les relations commerciales, il s'établit un cours des marchandises. Il est important que le cours ne soit produit que par les relations de la production et de la demande ; de cette manière, le travail qui est l'origine de toutes les marchandises, n'est pas exposé à des altérations de valeur, qui nuisent à la bonne foi des échanges. Or, quand un agioteur vend une marchandise qu'il ne possède même pas, par un marché à livrer, il vend une chose qui n'existe pas : ce qui est un mensonge ; il vend, avec l'espoir que son acheteur renoncera à son marché, en lui abandonnant une soulte; c'est donc se proposer de nuire à un concitoyen : ce qui est contraire au bien moral ; enfin il produit un acte qui a pour résultat d'élever le cours d'une marchandise au détriment des consommateurs et sans aucun service de sa part en compensation : ce qui est contraire à l'intérêt public. A tous les points de vue, l'agiotage est un mal. Quand il tourne au détriment du vendeur fictif, ce dernier est obligé de s'exécuter à ses dépens et il se produit un désordre qui nuit au producteur, car celui-ci aurait reçu la demande qui a été prise par le vendeur fictif et sa marchandise en aurait acquis un élément de valeur, en rapport avec une demande plus active. A la racine de ces œuvres d'agiotage, il y a un acte immoral, contraire à l'intérêt public : c'est-à-dire, l'acquisition d'une propriété, sans travail et sans service rendu au public. Les ventes fictives sont bien plus graves, lorsque les marchandises sont des valeurs de Bourse, que l'on ne possède réellement pas, mais dont la vente modifie néanmoins le cours public des valeurs, dans une étendue considérable. La loi défend et punit ces sortes de marchés ; mais ils ne se produisent pas moins, parce qu'il est facile d'esquiver la loi.

Bien que les marchandises existent réellement et puissent être livrées, selon les conditions d'un marché à terme, il est encore illégitime d'abuser de ses capitaux, en achetant de grandes quantités de marchandises, pour en augmenter artificiellement le cours. C'est ce que l'on appelle accaparement. L'accaparement peut s'exécuter sur les marchandises réelles ou sur les valeurs de Bourse purement représentatives. Le commerce n'est véritablement moral et légitime, que quand il rend un service public, en échange du bénéfice que le commerçant se procure. Faire métier d'acheter, sans prendre livraison, pour revendre, sans livrer, c'est encore faire de l'agiotage qui est radicalement condamnable, quoique la loi n'intervienne pas dans ces cas, sitôt que les quantités négociées ne constituent pas un accaparement. Il y a, dans ces actes, compromission certaine des intérêts d'un des contractants et compromission corrélative d'un groupe plus général : c'est le mal ; car, souvenons-nous bien, que le bien est toujours utile, en même temps, à l'agent et aux autres sans nuire à personne. Quand un commerçant offre sa marchandise au public, il lui enlève la peine de se la procurer au lieu de production ; il rend un service et, pour ce service, il prend un légitime bénéfice ; quand un commerçant fait à l'avance un approvisionnement, il prépare pour ses clients les objets dont ils ont besoin et il leur en assure l'usage, c'est un service qu'il rend, et pour ce service, il prélève légitimement un bénéfice. Mais, faire semblant d'acheter, pour faire semblant de revendre, et pour ce faux semblant de service, prélever un bénéfice réel, c'est un dommage pour le public, sans compensation aucune. De même, accaparer les marchandises et les valeurs pour en augmenter la demande, et avec la demande, en augmenter le cours, c'est exploiter, par la force du capital, la confiance publique et la faiblesse des particuliers.

Est-ce qu'un commerçant est obligé à autre chose qu'à respecter la loi et la liberté de ses clients ?

Oui, il doit respecter aussi la loi morale, et la loi morale veut que le bénéfice qu'on prélève, soit le prix d'un service rendu et que les deux soient autant que possible équivalents.

Est-ce que la défense de son intérêt exclusif, devenant l'œuvre de chacun et de tous, ne constituerait pas un état social parfaitement ordonné?

Il semble en effet que chacun agissant autant que

possible dans son intérêt propre, l'intérêt de tous serait, par le fait, obtenu et sauvegardé ; mais pour cela, il faudrait, entre les hommes, une égalité de forces, au début de leurs relations, et cette égalité, qui n'existe pas, est même impossible ; il faudrait que chacun connût, de la même façon, les relations réelles et les relations aléatoires des affaires ; d'ailleurs, la préoccupation perpétuelle et vivace, en chacun, de son intérêt particulier, détruirait dans la société toutes les relations affectives et les actes qui en émanent : les services, les secours, la générosité gratuite. La société serait un état de guerre perpétuel. Par la justice, acceptée comme tendance spontanée ou comme obligation morale ou, enfin, comme obligation légale : l'union, l'association, la solidarité des intérêts s'établissent, comme base commune des rapports, et, sur cette base, la liberté justifie et pratique tous les actes de services, jusqu'à leur gratuité, jusqu'au dévouement.

Il faudrait donc, selon vous, que chacun, dans les affaires d'intérêt fût préoccupé de mettre toujours d'accord son intérêt particulier avec l'intérêt général ?

Cette préoccupation est en effet le meilleur moyen de constituer la paix, la sécurité, le bonheur commun dans la société. Par cette disposition d'esprit naîtraient immédiatement et se maintiendraient toutes les améliorations sociales possibles.

ART. 20.

INDUSTRIE DOUBLÉE DE COMMERCE

Vous avez proposé, plus haut, un mode d'organisation des rapports, entre l'ouvrier et le Patron, dans les industries à façon ; comment organiserez-vous les rapports du travail et du capital, dans les industries qui achètent les matières premières et revendent les produits ?

Dans les industries qui achètent les matières premières et revendent les produits, il y a deux ordres d'action très-différents : le travail et le commerce. Le travail s'interpose entre deux opérations commerciales. En lui-même, il peut être soumis à l'organisation que nous avons exposée ; il ne reste qu'à établir ses rapports : d'une part, avec le commerce d'acquisition de la matière première et, d'autre part, avec le commerce de vente des produits fabriqués.

Comment peut-on justement organiser les rapports du travail et du commerce ?

Deux modes d'organisation sont possibles : la séparation des intérêts ; l'union des intérêts.

Quel est le caractère du système dans l'union des intérêts ?

Dans le système de l'union des intérêts, le travail et le commerce, agissant par leurs moyens propres, constituent un bénéfice commun, dont la répartition se fait, au terme de l'opération, d'après une règle convenue entre les agents du travail et les agents du commerce.

Quels sont les inconvénients de ce système ?

Les inconvénients de ce système sont d'établir une solidarité, tout artificielle, dans les rapports du commerce et de l'industrie et sur des bases dont les parties ne peuvent être réciproquement compétentes. L'ouvrier ignore les sources de la matière première, et l'acheteur de la matière première ignore les conditions pratiques du travail. Avec la plus grande loyauté de part et d'autre, la part légitime de chacun, au bénéfice commun, peut être tout arbitraire et hors de tout jugement éclairé. D'autre part, le commerce est, par sa nature même, une source d'aléas très variables et hors de toute prévision scientifique ; au contraire, le travail est, par nature, complètement connu et fixe dans tous ses éléments; et, parce qu'il n'est susceptible d'aucun aléa, il ne peut courir aucune chance de perte, sans une imprudence souvent irréparable. Par conséquent, quand même l'organisation du travail et du commerce pourrait obéir au système de l'union des intérêts, à la liberté et à la loyauté des conventions, il vaut mieux, il est plus sage et plus prudent, d'organiser séparément le travail et le commerce dans la même entreprise.

Proposez-vous une nouvelle organisation du travail dans ce cas ?

Non, l'organisation du travail de direction et du travail d'exécution doit être exécutée comme nous l'avons indiqué. Les rapports de ces deux parties du travail sont les mêmes, relativement à l'outillage et aux frais généraux subordonnés ; le partage des bénéfices s'exécute selon la règle indiquée ; les capitaux de réserve, en prévision des risques communs ou respectifs, s'établissent comme nous l'avons expliqué ; il n'y a qu'à régler maintenant la valeur du travail entre les deux actes de commerce.

Comment peut-on régler la valeur du travail ?

On le peut de deux façons : 1° en établissant la valeur absolue du travail pour chaque sorte de produits fabriqués ; cette valeur peut être sagement déterminée par les facteurs du travail, qui agissent en connaissance de cause, et qui connaissent cette valeur, dans des établissements qui travaillent exclusivement à façon. 2° En prenant au commerce d'achat la matière première, au cours, et fournissant au commerce de vente le produit fabriqué, au cours. Cette seconde façon d'agir retombe, partiellement au moins, dans les inconvénients de la solidarité d'action. Pour le travail, il vaut mieux l'éviter, et d'ailleurs, comme les deux parties commerciales de l'entreprise ont avantage à se combiner, cette organisation qui les séparerait, nuirait à leur liberté. Enfin, le cours de la matière première et le cours des produits pourraient être, accidentellement, tous deux favorables au travail et cette faveur diminuerait d'autant les bénéfices rationnels du commerce. Si le travail acceptait ces avantages d'un commerce qui n'est pas son œuvre, il agirait comme le patron qui sous prétexte de risques commerciaux, diminue autant qu'il peut le salaire du travail.

Est-ce que vous conseillez dans tous les cas d'entreprise industrielle, la séparation du travail et du commerce ?

Ce conseil n'est applicable, avec tous ses motifs, que pour les entreprises, où la matière première et les produits sont susceptibles de variations de cours, et pour les cas où un grand nombre de facteurs concourent à l'entreprise commune. Hors de ces cas, l'union a lieu avantageusement : ainsi dans les arts manuels, dans les arts de construction mécanique ou d'architecture, dans les beaux-arts, où la matière première n'a aucune valeur, dans une multitude, enfin, d'industries diverses, les inconvénients de l'union ne se rencontrant pas, elle devient alors prudente et pratique.

Quelle est la règle de justice entre le capital et le travail dans ces cas ?

Le capital, valeur de la matière première, a droit à l'intérêt commercial et passe, par ce motif, au compte des frais généraux. Ce capital se retrouve dans le produit, le bénéfice total n'est réellement diminué que de la valeur de l'intérêt. Lorsqu'un artisan achète la matière première et revend son produit, il augmente légitimement la valeur de son travail, de la location de son capital, engagé dans l'acquisition de la matière première ; il y peut joindre la représentation de l'aléa commercial qu'il risque.

ART. 21.

CAPITAL ET TRAVAIL EN AGRICULTURE

L'organisation du travail que vous venez de proposer peut-elle s'appliquer au propriétaire du sol et aux ouvriers qu'il emploie ?

De quelque façon que l'on considère le sol, soit comme matière première, soit comme outil, et il est l'un et l'autre, les droits du sol, dans les produits de l'exploitation, ne sont pas moindres que ceux du capital industriel engagé dans une entreprise; en cette qualité, la valeur du sol aurait donc à prélever un intérêt équivalent à celui qui est accordé à toute espèce de capital actif. D'un autre côté, le travail employé a une valeur absolue qui a droit au partage des bénéfices; il en est de même des droits de la direction et du capital cheptel. Or, si strictement mesurée que soit la rétribution du travail, il est impossible à une entreprise agricole de donner des bénéfices après l'accomplissement de toutes ses charges. C'est là le plus grand obstacle à l'organisation du travail agricole. L'agriculture, par les avantages privilégiés qui appartiennent au commerce et à l'industrie, est placée dans une situation d'infériorité insurmontable.

Cet état d'infériorité résulte-t-il de la nature des choses ?

Cet état d'infériorité de l'agriculture, en regard de l'industrie et du commerce, résulte un peu de la nature des choses et beaucoup de nos institutions, de nos mœurs et de nos lois.

En quoi la nature des choses détermine-t-elle l'infériorité de l'agriculture ?

En ce que le produit agricole demande une longue période de travaux, d'avances et de temps avant d'être réalisé ; en ce que beaucoup de risques, que court l'agriculture, ne peuvent être ni prévus, ni évités ; en ce que l'uniformité des conditions fatales, imposées à l'agriculture, supprime la valeur individuelle de l'ouvrier et diminue son action, sur la transformation de ses produits en valeur commerciale.

En quoi nos institutions produisent-elles l'infériorité de l'agriculture ?

Les institutions de crédit, qui sont si multipliées et si bien agencées, pour l'industrie et le commerce, ne s'appliquent pas à l'agriculture. Les banques, le jeu des valeurs représentatives ne pourraient y jouer un rôle, sans danger pour leur sûreté. Tout au plus, les produits pourraient-ils être warantés dans les magasins généraux, et encore, le bénéfice que donne l'agriculture, pour son capital de roulement, serait le plus souvent incapable de subvenir aux frais d'emmagasinage et de commission; la vente forcée ferait péricliter l'entreprise. Non seulement, nos institutions n'aident pas l'agriculture, mais nos mœurs et nos lois même la tiennent en échec.

Comment l'agriculture souffre-t-elle de nos mœurs ?

Les sciences, les arts, les beaux-arts produisent partout des établissements publics, aux frais de tous, et où chacun est excité à aller chercher les jouissances sociales. Cette excitation est un danger pour le cultivateur qui en paie cependant les frais. S'il voulait partager les plaisirs de ses compatriotes, il dépasserait, bien vite, la limite de l'économie que lui impose la modicité de ses revenus. La science elle-même est pour le cultivateur un danger ; il s'en défie et se maintient volontairement dans une infériorité de connaissances, au moyen de laquelle il est plus sûr de sauvegarder sa sécurité. De là vient que le cultivateur est si universellement stationnaire en toutes choses. Toute chose nouvelle le met en acte de suspicion ; il ne s'aventure qu'en tremblant et perd tous les bénéfices que lui donneraient la science et l'initiative unies à la prudence, toutes choses si merveilleusement maniées par l'industrie et le commerce.

En quoi nos lois elles-mêmes sont-elles causes de l'état d'infériorité de l'agriculture ?

Toutes nos lois de finances sont des traditions du passé,

de ce temps où l'agriculture avait à supporter toutes les charges de l'Etat. Encore aujourd'hui, malgré quelques améliorations véritables, l'agriculture est encore accablée sous les charges de toute espèce : droits de justice, droits de notaire, droits d'enregistrement, droits de timbre, droits d'hypothèque, droits de mutation, droits de mesure, droits de prestations, droits d'impôt foncier, droits sur le produit, etc., droits de pêche, droits de halage, droits de passage, droits d'expropriation, etc., droits de vaine pâture, droits de glanage, etc., droits de marché, droits de foire, droits d'octroi, etc. Les charges légales de l'agriculture sont véritablement accablantes et incomparablement plus élevées que celles de l'industrie et du commerce. La propriété foncière est l'esclave de la civilisation. Elle rend à la société les plus grands services, elle lui demande en retour une protection et des services moindres, et néanmoins, elle subit les plus lourdes charges de l'Etat : c'est une injustice sociale criante.

Le propriétaire du sol et l'ouvrier agricole sont les ennemis politiques de l'ouvrier industriel, comment s'explique cette inimitié, et la trouvez-vous sage ?

L'ouvrier des campagnes jalouse volontiers l'ouvrier de l'industrie, qui reçoit des salaires plus élevés ; il lui reproche ses plaintes fréquentes dont la cause, à ses yeux, est le manque d'économie. Cette vertu d'économie, si nécessaire à l'ouvrier agricole, devient, pour lui, la loi des lois et il lui semble que l'on peut se priver de tout ce dont il se prive lui-même : de là ses reproches à l'ouvrier industriel et surtout à l'ouvrier des villes. Le propriétaire agricole, lui-même, sentant qu'il a toujours à perdre dans les mouvements politiques violents et constatant les tendances violentes des ouvriers industriels des villes contre les capitalistes, augmente la résistance contre les ouvriers, en s'unissant aux patrons et aux capitalistes. Cette conduite lui est imposée, non par le souci de la justice, car le propriétaire agricole est le plus souvent exploité par le capital, mais par le seul souci de sa sécurité du moment. Telle est la source d'une division menaçante, qui existe malheureusement en France, et dans tous les pays d'Europe, entre la classe ouvrière, surtout industrielle, et la classe des patrons, des commerçants et des agriculteurs, qui craignent d'ébranler la situation du capital. Cette inimitié menaçante a été surexcitée par les manœuvres des gouvernements, et s'aggrave encore, par la composition des assemblées chargées de la formation des lois. Les gouvernements font peur des classes ouvrières industrielles aux classes propriétaires et agricoles, afin de faire passer les candidatures qui leur conviennent. Les capitalistes de toute espèce, les exploiteurs sous le couvert des lois et les campagnards font une majorité immense, dont les représentants fidèles ont un intérêt particulier à maintenir les abus. De là viennent les menaces de révolte à chaque instant reproduites. Cette alliance du capital industriel, du capital commercial et de l'agiotage avec le capital foncier et le travail agricole sont, de la part de ces derniers, une erreur et une faute : c'est une erreur, en ce que, loin que leurs intérêts soient en opposition avec les tendances des ouvriers industriels, ils sont en parfaite concordance; c'est une faute, en ce que l'économie, qui va jusqu'à la privation, est négative du progrès individuel de chacun, et, par conséquent, du progrès social, et en ce que l'aisance générale est un but légitime, tandis que le luxe de quelques particuliers est destructif des meilleurs rapports sociaux.

Montrez que les intérêts des cultivateurs sont en parfaite concordance avec ceux des ouvriers industriels et qu'ils sont actuellement en opposition avec les intérêts du capital de l'industrie, du commerce et de l'agiotage ?

L'agriculture est la source de la plupart des matières premières; elle produit tout ce qui est d'usage commun : les aliments, la matière du vêtement, la matière d'une partie du chauffage, la matière des arts qui ont le bois pour matière première. Le caractère particulier de tous ces produits agricoles, c'est leur usage commun et leur nécessité universelle. L'aisance générale multiplie la consommation des produits agricoles au plus haut point; et c'est à peine si les consommations de luxe atteignent les produits agricoles. Par conséquent, toute organisation politique et sociale, qui généralisera l'aisance au plus grand nombre des consommateurs, augmentera les revenus et l'activité commerciale du producteur agricole. Augmenter l'aisance du travailleur industriel des villes, garantir sa sécurité, consolider ses mœurs et ses mérites dans des institutions justes et protectrices, c'est fonder l'aisance agricole et lui donner tous les avantages sociaux de la liberté : le capital, le revenu, la mobilité de ce revenu; c'est lui donner l'usage de tous les bienfaits de la civilisation : la science, les voyages, les arts, les beaux-arts.

L'économie n'est qu'une vertu personnelle relative ; elle est un moyen de sagesse dans la conduite ; elle ne peut devenir, ni un but, ni un moyen social universel. Où aboutirait l'épargne universelle sans consommation ? Evidemment à l'arrêt général de la civilisation. L'économie est un remède qui n'a qu'un usage accidentel et mesuré. L'économie diminue le bonheur. Il est plus sage et plus social de faire en sorte d'en diminuer la nécessité et l'emploi. Sans doute il est sage de conseiller l'économie à celui qui a peu de revenus, mais il serait plus sage de lui donner les moyens légitimes et justes d'augmenter ces revenus. L'organisation juste du travail industriel, dans ses rapports avec le travail de direction et avec le capital, aboutirait à l'amélioration morale et matérielle du sort de l'ouvrier industriel ; il faut donc que la classe agricole aide à cette organisation par toute la puissance politique dont elle dispose.

La pauvreté de la masse des consommateurs de l'industrie diminue les revenus de l'agriculture ; avec de faibles revenus, des charges très-lourdes et des risques invincibles et très nombreux, l'agriculture a peu de capital disponible ; à cause de cette absence de capital disponible, elle n'a point de crédit ou n'a que du crédit onéreux ; le capital qu'elle emprunte la ruine, et, sans capital, elle n'est qu'un travail pénible et non lucratif ; mais le capital trouve une large rénumération dans l'agiotage, dans le commerce et dans l'industrie ; il en résulte une lutte à outrance, où, toujours, l'agriculture est vaincue, sans qu'elle puisse en sortir, sinon par des réformes d'institutions, de mœurs et de lois qui concilient son opposition d'intérêts avec les capitalistes. Que les campagnards y prennent gardent ! Lorsqu'ils se laissent leurrer par le gouvernement ou par les ambitieux du pouvoir ; lorsqu'on les excite contre la population industrielle des villes, on les entraîne à agir contre leurs intérêts et à sacrifier des droits légitimes. Il y a des réformes justes à apporter à l'organisation du travail industriel ; ces réformes, obtenues, rendront plus facile et plus juste aussi, l'organisation du travail agricole : c'est là le côté sage qu'il ne faut pas perdre de vue. L'aisance est moralisatrice ; avec l'aisance disparaîtraient les désordres et les violences, que la misère suscite et multiplie, de plus en plus, dans la classe ouvrière des villes : ainsi seraient satisfaits, l'amour de l'ordre et le désir de moralité, que l'honnête campagnard réclame de ses alliés politiques et sociaux !

L'organisation de l'agriculture dans l'Etat a-t-elle besoin de subir des réformes ?

Les réformes imposées à l'agriculture par son infériorité sociale sont extrêmement urgentes, nombreuses et fécondes, elles ont pour point de départ l'amélioration de l'assiette des impôts.

Les idées des ouvriers industriels ne sont-elles pas agressives de toutes les propriétés ; n'est-ce pas pour cela qu'on les appelle partageux ?

Quand la misère se perpétue dans une famille, elle y

devient souvent une source de mauvaises influences. C'est dans la misère que se recrutent les gens de désordre et les criminels. Que peuvent-ils perdre dans les cataclysmes de la société ? absolument rien. Ils ont à y gagner de se venger et de piller. Quand une classe de cette pire espèce est devenue menaçante dans un Etat, la société est très coupable et il ne faut pas seulement qu'elle se défende, il faut qu'elle améliore et qu'elle s'améliore elle-même.

Il y a, dans les dispositions des classes ouvrières, relativement à la propriété, des erreurs qui entretiennent les convoitises, et il y a des souffrances injustes, dont l'insurmontable puissance anéantit l'espérance et excite à la violence. Le peuple, même non instruit, contient quelques individualités plus fines, plus pénétrantes, qui saisissent souvent les côtés faibles des choses et se servent de ces observations supérieures, pour donner au parti un semblant de raison dans sa conduite. L'un de ces côtés faibles, en apparence, résulte de la prise de possession première du sol et des richesses naturelles comme source de propriété. Toute autre propriété actuelle a pour origine le travail; celle-là seule a précédé le travail et, parce qu'elle a précédé le travail, il semble à certains faux esprits, entraînés par la passion, qu'elle est toujours une sorte de concession temporaire sans autre portée que l'usage : la propriété réelle demeurant propre à l'Etat. Il suffit de faire remarquer, que la société a vécu, depuis des siècles, en considérant ces propriétés comme réellement attribuées à ceux qui les possèdent, sauf les droits restrictifs sur l'atmosphère et le sous-sol; que ces propriétés ont été réalisées à plusieurs reprises en valeurs, dont l'origine était le travail ; que par conséquent, toute propriété de quelque nature qu'elle soit, est bien du travail accumulé et que, par conséquent, de la part des travailleurs, attaquer le légitimité des propriétés foncières, c'est attaquer le travail ; demander le partage des propriétés, même à des intervalles éloignés, comme chez les juifs d'autrefois, c'est demander le partage des bénéfices du travail, entre ceux qui ne l'ont pas fourni : chose radicalement injuste.

Devant ces raisons d'une évidence palpable, toute attaque à la propriété ne peut être que l'œuvre des hommes foncièrement méchants ; c'est contre ceux-là qu'est légitime l'emploi de la force publique.

S'il existe, par-ci, par-là, quelques propriétés illégitimement acquises, c'est devant la loi qu'il faut réclamer, et si la loi est insuffisante, il faut rectifier la loi. Hors de là pas d'ordre possible.

Si l'organisation du travail que vous avez exposée, et que vous trouvez juste n'est pas appliquée par la loi, quels moyens les ouvriers peuvent-ils employer pour arriver à l'établir ?

Nous avons dit, déjà, que la loi ne peut, en aucun cas, ordonner des actes de justice et de probité à la liberté. L'organisation du travail est une œuvre de liberté. Les mœurs seules peuvent donner la solution juste et morale des difficultés de l'organisation du travail. Les patrons qui préféreront leur propre sécurité, la satisfaction de leur conscience et l'amour de leurs subordonnés avec la modestie des revenus, à l'inquiétude actuelle, au trouble de leur conscience et à la haine de leurs subordonnés avec de plus larges revenus, mais beaucoup moins assurés; ces patrons donneront l'exemple, et il est à croire que le succès sera si avantageux, qu'ils trouveront bientôt beaucoup d'imitateurs. En tous cas, la solution est pressante, la société tout entière a le plus grand intérêt à régler par la justice et la liberté les rapports du capital et du travail, des patrons et des ouvriers. Si la solution n'est pas librement offerte par les patrons, les ouvriers n'ont plus à leur disposition, en faveur de la justice de leur cause, que deux moyens: le refus du travail ou la formation par eux d'un capital industriel, c'est-à-dire la grève et l'association.

Art. 22.

GRÈVES

Qu'est-ce que la grève ?

La grève est un acte d'entente entre les ouvriers unis par un même intérêt, par lequel ils refusent aux patrons le travail ordinaire, à moins qu'on ne leur accorde certaines conditions qu'ils demandent.

La grève est-elle un acte juste ?

Les motifs de la grève peuvent être justes, mais rarement les procédés de son exécution sont exempts d'actes contraires à la liberté et à l'ordre. C'est surtout un acte de guerre et, comme tel, c'est un acte de violence. La violence est négative de la liberté et de la justice, c'est tout au plus une nécessité malheureuse.

Comment proposeriez-vous de régler les grèves ?

Je proposerais que les difficultés fussent soumises à un tribunal de paix spécial, où le travail et le capital fussent honorablement représentés et qui, sur le fond des choses, après enquête, donnerait d'urgence son avis motivé. Dans le cas où un patron serait jugé avoir eu tort contre ses ouvriers, il serait passible de peines disciplinaires dont la plus forte serait la négation, l'annulation de ses droits acquis à faire partie du corps sénatorial. Les meneurs d'une grève injuste, parmi les ouvriers, seraient aussi passibles de peines, dont la plus forte serait la déclaration d'incapacité électorale. Les condamnés ne pourraient rentrer dans leurs droits, qu'après des preuves nouvelles de probité et d'amour de l'ordre.

Art. 23.

ASSOCIATIONS

Qu'est-ce qu'une association ?

L'association est la constitution libre d'une société ayant un but déterminé, dans laquelle tous les membres consentent à des engagements réciproques, soit pour l'accomplissement du but, soit pour la part à prendre dans l'exécution, soit pour la part de chacun dans le résultat accompli.

Comment l'association des ouvriers peut-elle leur donner le moyen d'organiser le travail ?

Il leur suffit de réunir entre eux le matériel, l'outillage, le capital et les relations d'affaires ; dès lors, ils peuvent, entre eux, établir leurs rapports, en respectant toutes les règles de la justice, pour les attributions personnelles, dans l'ordre, la marche, l'exécution et les résultats de l'entreprise.

Ce moyen est-il pratique ?

Ce moyen n'est rien autre chose que l'organisation proposée plus haut. Le travail de direction ne serait pas propriétaire exclusif du capital : c'est toute la différence, et cette différence serait à l'avantage de l'association, si les ouvriers étaient ordonnés et sages. Malheureusement, la science et les mœurs leur manquent jusqu'à présent; alors les relations, d'ouvrier à ouvrier, ne sont pas adoucies par le respect, que donne la science reconnue, et par les formes civiles, que donnent les mœurs puisées dans une bonne éducation. C'est par cette dernière raison, autant que par la difficulté de se procurer le capital, que les associations d'ouvriers, dans une entreprise industrielle ou agricole, sont encore aujourd'hui si difficilement pratiques.

L'association serait-elle praticable en agriculture ?

En agriculture, le faible emploi des machines ne diminue en rien le mérite individuel des ouvriers ; il y a déjà de ce côté de grands tiraillements entre les ouvriers, si leur salaire ne leur est pas accordé à la tâche ; mais, dans la tâche, il ne faut pas seulement considérer la quantité, mais aussi la qualité ; ici il s'agit d'une appréciation toute pleine de délicatesse et sur laquelle se produisent de nouveaux tiraillements ; le travail agricole, d'ailleurs, n'est pas le produit définitif : il n'en est qu'une condition ; beaucoup d'autres conditions sont inconnues et ne dépendent aucunement du travail, comment appré-

cier, en fin de compte, la part du travail dans le produit et dans le bénéfice définitif? De là bien des difficultés presque insurmontables. Le propriétaire engage, le plus souvent, son capital, à forfait, pour une somme annuelle, moindre que l'intérêt légal du commerce; de cette façon, la part du travail dans le produit est augmentée ; mais malgré cette concession du propriétaire du sol, si le travail manuel d'exécution n'est pas secondé, dans le succès, par une multitude de circonstances atmosphériques et autres, il peut arriver que le produit soit insuffisant pour le payer au minimum : il est loin d'un bénéfice définitif et surtout de permettre un honoraire suffisant au travail de direction et au capital d'exploitation et de roulement. L'agriculture ne sortira du servage que par la réforme des lois.

Existe-t-il des formes d'association pratiquées et même passées en usage commun ?

Depuis longtemps, les hommes ont compris qu'en s'unissant entre eux, dans un but commun, ils augmentaient leur puissance, diminuaient les risques de leurs entreprises, et en assuraient le résultat avec moins de peine. De là sont nées beaucoup de sociétés dont la constitution, les formes et la responsabilité ont été réglées par les lois.

Quelle est la loi morale applicable aux sociétés particulières ?

Une société constituée devient une personne morale ayant les mêmes attributions morales qu'une personne civile. Dès lors les lois morales qui la concernent, sont les mêmes que celles qui règlent les actes des particuliers. Une société a son but, il faut que ce but soit à l'avantage de ses membres et du reste de la nation ; il ne doit pas être destructif du droit des particuliers ou d'autres sociétés. Une société emploie des moyens : capitaux, publicité, actes administratifs, etc., il faut que ces capitaux soient librement fournis et légitimement acquis; il faut que la vérité et la justice président à tous ses actes. Une société ne peut être exclusive de toute autre de même espèce, ou ce ne serait plus une société particulière; du moment où elle peut être obligée de vivre, côte à côte, avec d'autres sociétés de même espèce, elle pratique et subit la concurrence, et la concurrence, par une société, doit être encore plus strictement fidèle aux règles de la concurrence légitime, que nous avons indiquées à l'occasion des particuliers. Quand une société particulière, par la nature de ses attributions, ne peut subir l'action de la concurrence, elle doit subir le contrôle sévère du souverain, représenté par les pouvoirs publics.

Les sociétés ont-elles des devoirs vis-à-vis de leurs membres ?

Ces devoirs sont fixés, le plus souvent, dans l'acte constitutif de ces sociétés. Cet acte constitutif comporte des engagements mutuels et réciproques, que la loi surveille et dont elle garantit à chacun l'exécution.

Les membres des sociétés ont-ils des devoirs vis-à-vis les uns des autres ?

Ces devoirs sont ceux d'autorité vigilante et ferme et toujours honnête, chez les dignitaires, et ceux de surveillance et d'exactitude, chez ceux qui n'ont aucune délégation particulière. Tous ces devoirs sont légitimés par la liberté, dans l'organisation, et par la justice à tous égards, dans l'exécution.

ART. 24.

SOCIÉTÉS PERPÉTUELLES

Les sociétés particulières peuvent-elles être perpétuelles sans danger pour l'Etat ?

La force, produite par l'union partielle des citoyens, peut être si grande, et, d'autre part, cette force peut être si peu contrebalancée par la concurrence, que la perpétuité d'existence des sociétés particulières peut devenir un danger pour l'Etat. Les sociétés, comme les particuliers, risquent souvent d'obéir aux instigations exclusives de l'égoïsme ; la loi morale est un frein, qui perd d'autant plus de sa valeur, que quand une société agit exclusivement pour elle, elle agit pour un grand nombre de citoyens et oublie l'intérêt universel en face de cet intérêt collectif. La loi a donc sagement imposé aux sociétés particulières, de borner leur existence à une durée restreinte et tout d'abord déterminée. A un autre point de vue, la perpétuité suppose la durée même des membres constitutifs de la société, c'est une autre forme d'application de l'hérédité; mais dans l'hérédité familiale, la perpétuité est l'œuvre même de la nature, ce n'est pas une œuvre artificielle, comme dans la perpétuité d'une société, qui recrute librement et successivement ses membres. La perpétuité des associations est un abus artificiel de la liberté.

Est-ce que ces dangers pour la nation résultent de toutes les espèces de sociétés particulières ?

Ces dangers n'existent que dans les sociétés, dont le capital est l'un des principaux moyens d'action et dont le but est altéré par l'accumulation des profits, sous forme de capital. Les sociétés scientifiques, par leur nature même, n'offrent aucun danger par leur perpétuité. Elles accumulent surtout des sciences et les sciences sont expansives, elles appartiennent à tous; toute leur règle de moralité est de se répandre et de se multiplier.

Est-ce que vous ne feriez pas de réserves particulières en faveur des sociétés religieuses ?

Les sociétés religieuses doivent être soumises au droit commun. L'histoire et l'observation actuelle démontrent que les abus de la perpétuité se rencontrent aussi bien dans les sociétés religieuses, que dans les sociétés purement civiles soumises au droit commun.

Art. 25.

VŒUX

Que dites-vous des vœux et des vœux perpétuels ?

Les vœux sont le plus souvent des actes imprudents,de l'aveu même des institutions qui les prennent pour base, puisqu'elles soumettent les postulants à des épreuves nombreuses et soutenues. Ils ne peuvent cesser d'être une imprudence,qu'au point de vue religieux,et ce point de vue doit toujours être laissé en dehors des préoccupations de la loi civile. Le vœu,qui est un engagement de pratique,en dehors de la connaissance des circonstances capables de déterminer cette vie pratique, le vœu ne peut être maintenu que par des mesures restrictives de la liberté : comme tel,il est la négation de la base essentielle de la société. Plus le vœu a de portée dans l'avenir, plus il est susceptible d'inconvénients. Le vœu perpétuel est l'abandon de sa liberté pour toute la durée de sa vie, comme tel il est le plus condamnable.

Que dites-vous, en particulier, du vœu d'obéissance ?

Le vœu perpétuel d'obéissance est l'abandon volontaire et perpétuel de sa liberté aux mains d'une volonté étrangère. La loi ne peut considérer comme valable un acte de cette espèce. L'observation a démontré tous les abus des vœux d'obéissance perpétuelle.

L'engagement des domestiques, au service de la personne, n'est-il pas un véritable vœu permis par la loi ?

Ce vœu n'est plus qu'une promesse, à portée restreinte. Toutes les conditions d'obéissance sont déterminées, en ce cas, par un contrat qui détermine des droits réciproques. Dans l'acte même, ou légalement, et par condition tacite, toutes ces sortes de contrats sont résolubles, sauf indemnité prévue ou à déterminer par expert. Il n'y a rien dans l'engagement des domestiques, au service de la personne, qui ne soit l'expression exacte de la liberté actuelle des contractants.

Que dites-vous du vœu de pauvreté ?

C'est une fiction véritable, qui n'a d'autre résultat, que de mieux soumettre à l'autorité de leurs chefs, ceux qui se soumettent à ce vœu. Jamais ce vœu ne va sans le vœu d'obéissance, qui en est la condition première. Le vœu de pauvreté est une annulation complète de la puissance humaine, déjà dépouillée de liberté.

Art. 26.

CÉLIBAT

Que dites-vous du vœu de célibat?

Le vœu de célibat est directement contraire aux intérêts les plus précieux de l'homme et de la société. C'est un moyen d'éviter les plus sérieux devoirs des hommes. La loi ne peut permettre l'établissement d'aucune institution,qui ferait,du célibat,sa base ou même une obligation. Le célibat est laissé à la liberté de chacun, aussi bien que la propriété et la chasteté, mais la loi ne peut autoriser des sociétés,qui font,du célibat, une condition obligatoire et qui font du prosélytisme à ce point de vue. D'ailleurs le célibat,sans la chasteté,est l'immoralité sans frein.

Magdebourg, 15 Janvier 1870.

ÉPILOGUE

L'essai de Catéchisme qu'on vient de lire a été écrit à Magdebourg, il y a bientôt deux ans. La faillite d'un éditeur de Paris, à qui je m'étais adressé, fut cause du retard apporté à sa publication. Bien que cette circonstance même, m'ait donné beaucoup de temps, pour revoir, corriger et compléter ce travail ; des nécessités plus impérieuses m'obligèrent à le laisser dans son premier état.

Aussi bien ne suis-je pas fâché de laisser cet ouvrage tel qu'il fut écrit dans le cachot où les ennemis de mon pays m'ont enfermé.

Ce catéchisme est la photographie de mon esprit, de mes tendances et de ma volonté, au moment de mon arrestation. Le public sera juge entre moi et ceux qui ont été cause de mon enlèvement par les Prussiens.

Il faut bien que je dise quelques mots sur ce point. Beaucoup de ceux qui avaient l'autorité sous l'Empire, ou qui approchaient de l'autorité, avaient les mœurs soupçonneuses et lâches, ainsi qu'il convenait aux complices d'un crime d'usurpation. Le caractère de l'homme du 2 Décembre, marquait les consciences qui s'inféodaient à lui, d'une tache indélébile que les meilleures natures ne pouvaient plus effacer.

Mes amis et moi nous étions soupçonnés d'être capables d'un patriotisme dangereux ; car un seul patriotisme convenait à l'homme de Sedan et à ses serviteurs de tous rangs : le patriotisme de la capitulation, partout, toujours, avec la bouche en cœur et toutes les aménités d'un bon caractère. Pour être un citoyen non dangereux pour l'Empire, il fallait ne plus rien avoir de Français, ni dans le cœur, ni dans l'esprit. Au milieu même de nos désastres, qui étaient à un autre point de vue, une délivrance, il aurait fallu garder le plus profond respect pour les hommes et les choses de Bonaparte ; il aurait fallu ne manifester aucun sentiment républicain, aucune velléité de contrôle, aucun désir de publicité, aucune initiative en avant ou à côté de ce qui avait l'honneur (bel honneur) d'être l'autorité.

Nous étions donc soupçonnés, et contre des suspects les preuves sont de trop ; aussi, pour donner un corps aux soupçons, une ignoble dénonciation, aussi sotte qu'anti-patriotique, suffit. L'autorité prussienne fut avertie. On n'attendit même pas qu'une enquête eût mis à néant les faits matériels de la dénonciation. Le mensonge fut bientôt démontré ; mais il était trop tard.

Les Prussiens sont d'autres gens soupçonneux et prudents : nous fûmes enfermés dans une citadelle, et là nous ne pouvions plus être un danger, ni même un embarras pour les Prussiens de France ou pour les Prussiens d'Allemagne.

Malgré des sentiments légitimes de révolte contre ceux dont j'étais victime, la réflexion aidant, je compris bientôt les excuses que pouvaient invoquer ceux dont j'avais à me plaindre. Ils n'avaient pas résisté aux courants d'opinion qui avaient fait la France ce qu'elle était devenue sous l'Empire. Ils avaient été emportés par le mouvement et ne s'étaient pas même demandé, si ce mouvement était en faveur de la civilisation, s'il gardait l'honneur et les traditions de la France, s'il dirigeait la nation vers le but tant de fois manifesté de sa vocation dans l'univers.

Plus heureux en cela, je ne m'étais jamais laissé éblouir par le faux brillant des fortunes facilement accumulées. S'enrichir ne m'a jamais paru être le moyen certain de s'améliorer. Malgré tous les succès industriels et commerciaux de mon temps, j'ai souffert de l'insouciance politique de mes concitoyens, de leur abandon facile aux mains d'un gouvernement égoïste et corrupteur ; j'ai toujours eu le cœur serré en voyant mon pays oublier ses voies traditionnelles, abandonner comme nuls et non avenus les efforts et les sacrifices de nos pères, répudier les doctrines politiques de la Révolution tout en profitant des mêmes doctrines dans l'ordre civil. Combien de fois n'ai-je pas souffert, en entendant, autour de moi, soutenir les piperies des lois réactionnaires, qui régissent encore l'instruction publique et l'administration provinciale ?

Il m'a paru que toutes ces misères sociales avaient leur source dans l'ignorance commune des véritables notions de la justice. On ne parvenait pas à établir les lois du bien et du mal en dehors de l'esprit religieux, les lois de la liberté et de la souveraineté en dehors du droit divin supra-naturel, les lois de la stabilité en dehors d'une autorité excessive et par conséquent tyrannique, les lois du progrès en dehors de toute violence et de toutes légéretés dangereuses. Enfin, on voulait bâtir l'union, la paix, la solidarité sociale sur les données exclusives de l'égoïsme. C'est contre toutes ces erreurs qu'il m'a paru nécessaire de réagir. Je l'ai fait, à la première occasion, et dans la mesure de mes moyens, en écrivant et publiant ce Catéchisme.

Que l'opinion de mes concitoyens lui soit favorable !

Reims, 1er Novembre 1872.

TABLE DES MATIÈRES

PREMIÈRE PARTIE

NOTIONS GÉNÉRALES

DEUXIÈME PARTIE

DEVOIRS HUMANITAIRES ET INTERNATIONAUX

TROISIÈME PARTIE

DEVOIRS DU CITOYEN OU DE L'HOMME DANS LA NATION

SECTION PREMIÈRE

DEVOIRS POLITIQUES DU CITOYEN

SECTION SECONDE

ORDRE CIVIL — DEVOIRS CORRESPONDANTS

Reims — Imprimerie Matot-Braine

Reims — Imprimerie Matot-Braine